D1174541

Grammaire

Jean Dubois,
agrégé de grammaire,
docteur ès lettres,
et
René Lagane,
agrégé de grammaire

LAROUSSE

17 RUE DU MONTPARNASSE 75298 PARIS CEDEX 06

Responsable de l'édition
Noëlle Degoud

Conception graphique et mise en page
Jean-Pierre Jauneau

Correction-révision
Isabelle Dupré et Monique Bagaïni

Fabrication
Martine Toudert

Couverture
Romain Fleury

COMPOSITION : EURONUMÉRIQUE. MONTROUGE.
IMPRIMERIE NEW-INTERLITHO. MILAN.
DÉPÔT LÉGAL : AVRIL 1995. Nº DE SÉRIE ÉDITEUR : 18573.
IMPRIMÉ EN ITALIE. 800122. AVRIL 1995.

SOMMAIRE

Troisième partie :

DE LA PHRASE AU TEXTE

Quatrième partie :

ANNEXES

Abréviations utilisées dans l'ouvrage

adj.	adjectif	masc.	masculin
C.C.	complément circonstanciel	part.	participe
C.O.D.	complément d'objet direct	pers.	personne
C.O.I.	complément d'objet indirect	plur.	pluriel
C.O.S.	complément d'objet second	prés.	présent
compl.	complément	prop.	proposition
fém.	féminin	sing.	singulier

GÉNÉRALITÉS

LA FORMATION DU FRANÇAIS

La langue française est née du latin que les Romains conquérants ont introduit en Gaule dès le Iᵉʳ siècle av. J.-C. Ce latin parlé, très différent du latin littéraire, remplaça la langue gauloise.

Seuls des noms propres (*Paris, Chartres,* etc.) et des termes qui évoquent la campagne (*arpent, borne, charrue,* etc.) rappellent aujourd'hui l'existence de la langue des Gaulois.

FORMATION POPULAIRE ET FORMATION SAVANTE

Les mots latins, déformés dans leur prononciation et souvent détournés de leur sens originel, sont devenus, par une série de transformations, les mots français (formation populaire). Mais, dès le Moyen Âge, les lettrés ont créé d'autres mots en les calquant directement sur les mots latins (formation savante). Ainsi :

le latin *locare* a évolué pour donner *louer* (formation populaire) ;
location a été créé à partir du latin *locatio* (formation savante).

En outre, un même mot latin a pu donner en français deux mots : l'un de formation populaire, l'autre de formation savante. Tous deux forment alors ce qu'on appelle un «doublet» :

auscultare a donné *écouter* (formation populaire) et *ausculter* (formation savante).

ÉVOLUTION DU FRANÇAIS

Au Moyen Âge, le français naissant (le roman) s'est diversifié suivant les régions de France : langue d'oïl dans le Nord, langue d'oc dans le Sud, dialecte francien dans l'Île-de-France.
Mais c'est le francien, langue des rois capétiens, qui deviendra la langue nationale, réduisant les autres langues (champenois, picard, normand, en particulier) au rang de dialectes ou de parlers.
Le francien, devenu le français, s'est étendu avec le domaine royal, pour assumer le rôle de langue nationale.
D'autres langues subsistent aujourd'hui en France à côté du français : breton, basque, alsacien, flamand, provençal, languedocien, etc.
Certaines variations sont apparues entre le français utilisé en France et le français utilisé dans les autres parties de la francophonie. De là certaines caractéristiques, aisément perceptibles d'un pays à l'autre.
Elles se rencontrent particulièrement dans la langue parlée, dans la prononciation et le choix du vocabulaire.

■ LA PRONONCIATION

Les diverses manières de réaliser un même son forment les variantes phonétiques qui peuvent caractériser les régions francophones :

> *un* est prononcé [ɛ̃] à Paris ;
> *un* est prononcé [œ̃] à Montréal ou à Rennes.

Ainsi peut-on parfois, à partir de la prononciation, identifier un Parisien, un Montréalais, ou encore un Belge, un Genevois, un Marseillais.

■ LE VOCABULAIRE

Les principales différences entre les français régionaux résident la plupart du temps dans le vocabulaire. Chaque région française ou pays francophone possède ses particularités (flore, faune, toponymie, aspects culturels, mentalités, etc.), et celles-ci donnent naissance aux particularismes lexicaux :

— belgicismes : *aubette, chantoir, drève...*
— helvétismes : *raclette, votation, planelle...*
— canadianismes et québécismes : *motoneige, cégep, téléroman...*
— africanismes : *boubou, enceinter, marabout...*

Ces régionalismes modernes sont souvent notés dans les dictionnaires édités en France. Ils participent ainsi à l'ensemble de l'évolution et de l'enrichissement de la langue française.

LES EMPRUNTS DE MOTS ÉTRANGERS

Le vocabulaire courant du français moderne est à plus de 80 % d'origine latine, populaire ou savante. Le reste provient des principales langues de civilisation avec lesquelles la France et les Français ont été en contact. Lorsque les mots nouveaux sont issus d'une langue étrangère, ils sont appelés «emprunts».
Au cours de l'histoire, la langue française a emprunté des mots à plusieurs autres langues. Par exemple :

— *guerre, bannière* viennent des langues germaniques ;
— *vague, varech* sont d'origine scandinave ;
— *banque, carnaval* viennent de l'italien ;
— *fiesta, tabac,* de l'espagnol ;
— *choucroute, kitsch,* de l'allemand ;
— *matelot, cambuse,* du néerlandais ;
— *algèbre, alcool,* de l'arabe ;
— *jazz, film,* de l'anglais ;
— *café, thé* viennent d'Orient ;
— *canot, cacao,* des langues amérindiennes.

Plusieurs de ces emprunts n'ont pas pénétré directement en français ; l'italien, l'anglais, l'espagnol, le portugais ont servi de véhicules à beaucoup de mots utilisés aujourd'hui : par exemple, *café* vient de l'italien *caffè,* lui-même emprunté à l'arabe *qhwa,* prononcé «kahvé» en turc.
De nos jours, les emprunts les plus nombreux viennent de l'anglais, et surtout de l'anglais américain (ex. : *jean*). Cette influence prépondérante est due à la domination de la civilisation américaine dans plusieurs domaines : sciences, techniques, culture, médias, sports, etc. Certains de ces emprunts désignent des modes passagères et ne sont souvent que temporaires (ex. : *dandy, beatnik*). Mais

d'autres sont des emprunts permanents qui s'installent définitivement dans la langue française, soit sous une forme inchangée (ex. : *design, gadget*), soit sous une forme adaptée, intégrée (ex. : *attaché-case, faisabilité, camping*).

Les emprunts aux autres langues sont moins nombreux, mais on peut signaler : *pizzeria* (italien), *karatéka* (japonais), *macho* (espagnol), *ersatz* (allemand), *goulag* (russe), *diaspora* (grec), etc.

LES MOTS NOUVEAUX

Pour répondre aux besoins sans cesse créés par l'évolution de la société et les progrès scientifiques et techniques, il se forme constamment des mots nouveaux selon divers procédés, souvent les mêmes dans de nombreuses langues. Ces mots nouveaux sont appelés «néologismes».

LES MOTS D'ORIGINE GRECQUE

On fait souvent appel, pour former les mots nouveaux, au grec, auquel on emprunte des mots ou des éléments simples. Par exemple :

— **télé** signifie «au loin», «de loin». Il a été utilisé pour créer :

> télégramme, téléphone, télémètre, téléphérique, téléobjectif, télévision, télépathie, télescope, télécommunication, téléski, téléguidage, etc. ;

— **graphein** signifie «écrire», «décrire». Avec cet élément, on a formé :

> calligraphie, sténographie, biographie, géographie, topographie, cosmographie, photographie, graphologie, radiographie, graphomètre, graphisme, graphique, télégraphique, etc.

DÉRIVATION ET COMPOSITION

La langue se développe en formant des mots dérivés et des mots composés.
En ajoutant à un mot simple une terminaison, appelée «suffixe», on peut souvent former un mot dérivé.
Ainsi, dans *journalisme*, le suffixe **-isme** s'ajoute au mot *journal* pour former un mot dérivé. Ce procédé se nomme la « dérivation ».

> *Journal* est apparu au XIIᵉ siècle ; *journalisme*, au XVIIᵉ siècle.

En faisant précéder un mot simple d'une syllabe ou d'un groupe de syllabes, appelé «préfixe», on peut souvent former un mot composé. Dans **pré**juger, le préfixe **pré-** se met au début du mot *juger* pour former un mot composé. Ce procédé se nomme la « composition ».

> *Juger* est apparu au XIIᵉ siècle ; *préjuger* est du XVIᵉ siècle.

MOTS COMPOSÉS DE PLUSIEURS TERMES

La langue forme un grand nombre de mots nouveaux en joignant deux ou plusieurs mots (nom et nom, adjectif et nom, verbe et nom, etc.). Ce sont les mots composés proprement dits :

> chou-fleur ; plate-bande ; arrière-garde ; garde-malade.

On met, le plus souvent, un trait d'union entre les éléments de ces mots ; mais certains mots composés n'en comportent pas (*pomme de terre*) et d'autres s'écrivent comme des mots simples (*gentilhomme*).

FAMILLE DE MOTS ET CHAMP LEXICAL

Une famille de mots est l'ensemble de tous les mots dérivés et composés formés à partir du même mot simple, appelé «radical», et constituant un champ lexical, c'est-à-dire un groupe de mots apparentés par la forme et le sens. Par exemple, pour la famille du mot «classe», on a :

— des dérivés : *classer, classeur, classique, classicisme, classifier, classification, classement* ;

— des composés avec préfixes du mot *classe* ou de ses dérivés : *déclasser, déclassement, surclasser, surclassement, reclasser, reclassement, interclasse* ;

— des composés proprement dits, avec plusieurs termes : *hors classe, sous-classe.*

LES SUFFIXES

Les suffixes, nombreux et d'origine diverse, ont souvent un sens précis.
Ainsi **-et**, **-ot**, **-cule**, **-ille** indiquent une chose plus petite et sont des diminutifs :

garçonn**et**, îl**ot**, animal**cule**, fauc**ille**, brind**ille**, flott**ille**.

D'autres peuvent avoir plusieurs sens, parfois assez vagues ; par exemple, le suffixe **-erie** indique le lieu où s'exerce un métier :

épic**erie**, sucr**erie**, fond**erie**, tuil**erie**, boulang**erie**.

Mais il peut indiquer la manière d'être ou l'ensemble :

la gris**erie**, la fourb**erie**, l'argent**erie**.

ATTENTION
Les suffixes s'ajoutent directement aux mots simples, mais l'**-e** muet final du mot simple tombe devant une voyelle, et il s'ajoute parfois des consonnes entre le suffixe et le mot simple :

serrure → serrur**ier**   pigeon → pigeon-**n-eau**   bijou → bijou-**t-ière**.

Les suffixes peuvent être :

● des suffixes proprement dits, particules composées d'une ou de plusieurs syllabes (**-able**, **-ier**, **-erie**, **-tion**, **-oir**, **-té**, **-ment**, etc.) :

inséparable, journalier, boiserie, position, arrosoir, clarté, pansement ;

● des mots d'origine latine ou grecque servant de suffixes ; par exemple :

— dans *viticulture*, il y a deux éléments : **viti-** (du latin *vitis*, «vigne»), et **-culture** ; ce dernier mot joue le rôle de suffixe ;

— dans *hydrogène*, il y a deux éléments : **hydro-** (du grec *hudor*, «eau») et **-gène** (d'un mot grec signifiant «qui engendre») ; ce dernier mot joue le rôle de suffixe.

Les suffixes sont souvent différents selon qu'il s'agit de la formation de noms, d'adjectifs, de verbes ou d'adverbes.

SUFFIXES PROPREMENT DITS

suffixes servant à former des noms

suffixes	sens	exemples	suffixes	sens	exemples
-ace	péjoratif	*populace*	-esse	qualité, défaut	*sagesse*
-asse		*filasse*			*maladresse*
-ade	action, collectif	*orangeade*	-et, -ette	diminutif	*garçonnet,*
-age	action, collectif	*balayage*			*fillette*
-aie	plantation de	*cerisaie*	-eté	qualité, défaut	*propreté,*
-ail	instrument	*éventail*			*méchanceté*
-aille	péjoratif, collectif	*ferraille*	-eur,	agent	*rôdeur,*
-ain	origine	*Romain*	-euse		*acheteuse*
-en		*Vendéen*	-ie	état	*jalousie*
-aine	collectif	*dizaine*	-ien,	profession	*chirurgien,*
-aire	agent	*incendiaire*	-enne		*musicienne*
-ance ⎫	résultat	*croyance*	-illon	diminutif	*aiguillon*
-ence ⎭	de l'action	*virulence*	-is	résultat d'une action,	*ramassis*
-ard	péjoratif	*chauffard*		état	
-at	profession, statut	*internat*	-ise	qualité, défaut	*franchise*
-(a)teur,	agent, métier	*dessinateur,*			*sottise*
-trice		*institutrice*	-isme	doctrine	*idéalisme*
-tion	action	*fabrication*	-iste	profession	*dentiste*
-sion		*omission*	-iste	spécialiste,	*chauffagiste*
		exclusion		adepte de	*socialiste*
-aison		*livraison*	-ite	état maladif	*gastrite*
-âtre	péjoratif	*marâtre*	-ité, -té	qualité	*cherté*
-(a)ture	action,	*peinture*	-itude	qualité, état	*exactitude*
	instrument	*armature*			*servitude*
-aud	péjoratif	*maraud*	-ment	action, état	*bêlement,*
-cule, -ule	diminutif	*globule*			*tassement*
-eau	diminutif	*chevreau*	-oir	instrument	*perchoir*
-elle		*radicelle*	-oire	instrument	*baignoire*
-ée	contenu	*assiettée*	-ole	diminutif	*bestiole*
-er/-ère	agent, métier	*boucher*	-on	diminutif	*ourson*
-ier/-ière		*pâtissière*	-eron		*moucheron*
-erie	qualité, défaut	*galanterie*	-on	sciences physiques	*neutron*
-erie	local	*charcuterie*	-ot	diminutif	*îlot*
			-ille		*brindille*

suffixes servant à former des adjectifs

suffixes	sens	exemples	suffixes	sens	exemples
-able, -ble	possibilité	*aimable, audible*	-aud	péjoratif	*lourdaud, rustaud*
-ain, -ien	habitant,	*africain, indien,*	-é	état	*bosselé, dentelé*
-ais	origine	*japonais*	-el	qui cause	*accidentel, mortel*
-ois, -an		*chinois, birman*	-esque	qualité	*romanesque*
-aire	qui appartient	*solaire, polaire*			*dantesque*
-al	qualité	*vital, glacial*	-et, -elet	diminutif	*propret, aigrelet*
-asse, -ard	péjoratif	*fadasse, faiblard*	-eux	dérivé d'un nom	*peureux, valeureux*
-âtre	diminutif	*bleuâtre*	-iel	qui appartient	*concurrentiel*
	et péjoratif	*douceâtre*	-ier	qualité	*hospitalier, altier*

11

suffixes	sens	exemples	suffixes	sens	exemples
-if	qualité	*oisif, maladif*	-iste	qui se rapporte à	*réaliste, égoïste*
-in	diminutif et péjoratif	*blondin, plaisantin*	-ot	diminutif et péjoratif	*pâlot, vieillot*
-ique	qui se rapporte à	*chimique, ironique*	-u	qualité	*barbu, charnu*

■ suffixes servant à former des verbes

suffixes	sens	exemples	suffixes	sens	exemples
-ailler	péjoratif	*tournailler*	-iner	diminutif	*piétiner*
-asser	péjoratif	*rêvasser*	-ir	dérivé d'adj.	*verdir*
-eler	dérivé du nom	*marteler*	-iser	faire devenir	*angliciser*
-er	dérivé du nom	*vacciner*	-ocher	péjoratif et diminutif	*effilocher*
-eter	diminutif	*tacheter*	-onner	péjoratif et diminutif	*chantonner*
-ifier	faire devenir	*solidifier*	-oter	péjoratif	*toussoter*
-iller	diminutif et péjoratif	*mordiller*	-oyer	devenir	*poudroyer*

■ suffixes servant à former des adverbes

suffixe	sens	exemple	suffixe	sens	exemple
-ment	manière	*gentiment*	-ons	manière	*à reculons*

▬ ÉLÉMENTS LATINS ET GRECS SERVANT DE SUFFIXES

■ suffixes issus de mots latins

suffixes	sens	exemples	suffixes	sens	exemples
-cide	qui tue	*insecticide*	-fique	qui produit	*frigorifique*
-cole	relatif à la culture	*agricole*	-forme	en forme de	*cunéiforme*
			-fuge	qui fuit, fait fuir	*transfuge, fébrifuge*
-cole	qui habite	*arboricole*	-grade	qui marche	*plantigrade*
-culteur	qui cultive	*motoculteur*	-lingue	langue	*bilingue*
-culture	art de cultiver	*apiculture*	-pare	qui enfante	*ovipare*
-fère	qui porte	*mammifère*	-pède	qui a un pied	*bipède*
-fère	qui contient	*crucifère*	-vore	qui se nourrit de	*carnivore*

■ suffixes issus de mots grecs

suffixes	sens	exemples	suffixes	sens	exemples
-algie	douleur	*névralgie*	-id(e)	qui a la forme	*sinusoïde*
-arche, -arque	qui commande	*patriarche, monarque*	-lâtrie	adoration	*idolâtrie*
			-lithe	pierre	*monolithe*
-archie	commandement	*anarchie*	-logie	science	*astrologie*
-bar(e)	pression	*millibar, isobare*	-logue	qui étudie	*neurologue*
-bole	qui lance	*discobole*	-mancie	divination	*cartomancie*
-carpe	fruit	*péricarpe*	-mane	passionné de, maniaque de	*opiomane, mélomane*
-céphale	tête	*encéphale*			
-crate	qui dirige	*démocrate*	-manie	passion, manie	*anglomanie*
-cratie	pouvoir	*ploutocratie*	-mètre	mesure	*centimètre*
-cycle	roue	*tricycle*	-morphe	forme	*anthropomorphe*
-game	qui s'unit	*bigame*	-nome	qui règle	*économe*
-gamie	mariage	*bigamie*	-nomie	art de régler	*autonomie*
-gène	qui engendre	*pathogène*	-onyme	nom	*patronyme*
-gramme	un écrit	*télégramme*	-pathe	malade de	*névropathe*
-graphe	qui écrit	*biographe*	-pathie	passion, maladie	*sympathie, myopathie*
-graphie	art d'écrire, de décrire	*calligraphie, géographie*	-pédie	éducation	*encyclopédie*
-hydre	eau	*anhydre*	-phage	qui mange	*anthropophage*

suffixes	sens	exemples	suffixes	sens	exemples
-phagie	action de manger	*hippophagie*	-scopie	vision	*radioscopie*
-phile	ami de	*russophile*	-sphère	une sphère	*stratosphère*
-philie	amitié pour	*francophilie*	-technie	science	*électrotechnie*
-phobe	ennemi de	*anglophobe*	-technique	qui sait	*polytechnique*
-phobie	inimitié pour	*agoraphobie*	-thèque	armoire	*bibliothèque*
-phone	son, parole	*francophone*	-thérapie	guérison	*héliothérapie*
-phonie	le son	*radiophonie*	-tome	qui coupe	*atome*
-phore	qui porte	*sémaphore*	-tomie	action de couper	*trachéotomie*
-pode	pied	*gastéropode*	-type	impression	*Linotype*
-ptère	aile	*hélicoptère*	-type	modèle	*prototype*
-scope	qui voit	*télescope*	-typie	qui imprime	*linotypie*

LES PRÉFIXES

Les préfixes, d'origine latine ou grecque, se placent au début du mot, mais ils subissent parfois des modifications au contact de la consonne initiale du mot simple :

> **in-** marque la privation → **in-**actif ; mais **im-**patient, **ir-**réalisable, **il-**logique.

On distingue :

● les préfixes proprement dits :

> **circum-** (= autour) ; **ex-** (= hors de), etc. ;

● les mots d'origine latine ou grecque jouant le rôle de composants à valeur de préfixes :

> dans **bio**éthique, **bio**sphère, etc., **bio-** (du grec *bios*, «vie») est un préfixe.

PRÉFIXES PROPREMENT DITS

les préfixes d'origine latine

préfixes	sens	exemples	préfixes	sens	exemples
ab-, abs-	loin de	*abduction,*	extra-	hors de	*extraordinaire*
		abstinence	il-, im-	privé de	*illettré, imberbe*
ad-	vers	*adjoint*	in-, ir-,		*indécent, irrespect*
ambi-	deux	*ambidextre*	in-, im-,	dans	*infiltrer, importer*
anté-	avant	*antédiluvien*	inter-	entre	*international*
anti-	avant	*antichambre*	intra-	au-dedans	*intraveineux*
bis-, bi-	deux	*biscuit, bipède*	juxta-	auprès de	*juxtaposer*
circon-	autour	*circonvolution*	male-,	mal	*malédiction,*
circum-	autour	*circumnavigation*	mau-		*maudire*
co-,	avec	*coadjuteur,*	pén(é)-	presque	*pénéplaine*
col-,		*collaborateur,*	per-, par-	à travers	*perforer, parcourir*
com-,		*commandant,*	post-	après	*postdater*
cor-		*corrélatif*	pré-	devant, avant	*précéder*
dis-,	séparé de	*dissymétrie,*	pro-,	en avant	*projeter*
		disjoncteur,	pour-	devant	*pourtour*
dé-, des-,		*désunion,*	quasi-	presque	*quasi-délit*
di-		*digression*	ré-, r(e)-	de nouveau	*réargenter*
entre-	entre	*entresol*	rétro-	en retour	*rétroviseur*
ex-	hors de	*expatrier*	simili-	semblable	*similigravure*
é-, ex-	privé de	*édenté, exfolié*	sub-,	sous	*subalterne*
extra-	très	*extrafin*	sous-,		*sous-location*

préfixes	sens	exemples	préfixes	sens	exemples
suc-	sous	*succomber*	tres-	à travers	*tressaillement*
super-,	au-dessus	*superstructure*	tri-,	trois	*tripartite,*
sur-,		*surhomme*	tris-		*trisaïeul*
supra-		*supranational*	ultra-,	au-delà de	*ultraviolet,*
trans-,	au-delà,	*transhumant*	outre-		*outre-mer*
tré-,		*trépasser*	vice-, vi-	à la place de	*vice-consul, vicomte*

■ les préfixes d'origine grecque

préfixes	sens	exemples	préfixes	sens	exemples
a-, an-	privé de	*amoral, anarchie*	épi-	sur, vers	*épiderme*
amphi-	autour,	*amphithéâtre,*	eu-	bien	*euphonie*
	double	*amphibie*	exo-	au-dehors	*exotique*
anti-	contre	*antialcoolique*	hémi-	demi	*hémisphère*
apo-	loin de	*apogée*	hyper-	au-dessus	*hypertrophie*
arch(i)-	au plus haut	*archifou*	hypo-	sous	*hypoténuse*
	degré		méta-	changement,	*métamorphose*
cata-	de haut en bas	*cataracte*		après	*métacarpe*
di(a)-	à travers,	*diaphane,*	par(a)-	contre, près de	*parallèle*
	séparé de	*diagonal*	péri-	autour	*périmètre*
dys-	avec difficulté	*dyspepsie*	pro-	pour, devant	*programme*
en-	dans	*encéphale*	syn-,	avec	*syndicat,*
end(o)-	dedans	*endocrine*	sym-		*sympathie*

▦ ÉLÉMENTS LATINS ET GRECS SERVANT DE PRÉFIXES

■ préfixes issus de mots latins

préfixes	sens	exemples	préfixes	sens	exemples
acét(o)-	vinaigre	*acétate*	multi-	nombreux	*multiforme*
aqu(i)-	eau	*aqueduc*	octa-,	huit	*octaèdre*
arbor-	arbre	*arboriculture*	octo-		*octosyllabe*
calc-	chaux	*calcaire*	omni-	tout	*omnivore*
calor-	chaleur	*calorifère*	pluri-	plusieurs	*pluriannuel*
carbo-	charbon	*carbochimie*	prim(i)-	premier	*primordial*
carn-	chair	*carnivore*	quadr(i)-	quatre	*quadrifolié*
déci-	dix	*décimètre*	quinqu-	cinq	*quinquennal*
igni-	feu	*ignifugé*	quint-	cinquième	*quintette*
lact-	lait	*lactique*	radio-	rayon	*radiothérapie*
moto-	qui meut	*motorisation*	uni-	un seul	*uniforme*

■ préfixes issus de mots grecs

préfixes	sens	exemples	préfixes	sens	exemples
aéro-	air	*aéronaute*	dactyl(o)-	doigt	*dactylographie*
anthropo-	homme	*anthropophage*	déca-	dix	*décapode*
arché(o)-	ancien, antique	*archéologie*	dém(o)-	peuple	*démocrate*
auto-	de soi-même	*automobile*	dynam(o)-	force	*dynamisme*
baro-	pesant	*baromètre*	gaster-/tro-	ventre	*gastronome*
biblio-	livre	*bibliobus*	gé(o)-	terre	*géopolitique*
bio-	vie	*biosphère*	hélio-	soleil	*héliogravure*
caco-	mauvais	*cacophonie*	hémat(o)-	sang	*hématurie*
chrom(o)-	couleur	*chromosome*	hémo-		*hémophilie*
chrono-	temps	*chronologie*	hipp(o)-	cheval	*hippodrome*
chrys(o)-	or	*chrysanthème*	homéo-	semblable	*homéopathie*
cinémat(o)-	mouvement	*cinématographie*	hom(o)-		*homosexuel*
crypt(o)-	caché	*cryptogramme*	hydr(o)-	eau	*hydravion*

préfixes	sens	exemples	préfixes	sens	exemples
iso-	égal	*isotherme*	penta-	cinq	*pentagone*
lith(o)-	pierre	*lithographie*	phago-	manger	*phagocyte*
macro-	grand	*macrocéphale*	phil(o)-	aimer	*philanthrope*
méga-	grand	*mégawatt*	phon(o)-	voix	*phonogramme*
més(o)-	milieu	*Mésopotamie*	photo-	lumière	*photosynthèse*
métr(o)-	mesure	*métronome*	pneum(o)-	air, souffle	*pneumatique*
micro-	petit	*microchirurgie*	poly-	nombreux	*polyglotte*
nécro-	mort	*nécropole*	pseud(o)-	faux	*pseudonyme*
néo-	nouveau	*néologisme*	psych(o)-	esprit	*psychothérapie*
neuro-,	nerf	*neurochirurgie*	pyr(o)-	feu	*pyrotechnie*
nevr-		*névropathe*	techn(o)-	art	*technique*
ophtalm-	œil	*ophtalmologie*	tétra-	quatre	*tétralogie*
oro-	montagne	*orogenèse*	théo-	dieu	*théologie*
ortho-	droit	*orthographe*	thermo-	chaleur	*thermomètre*
paléo-	ancien	*paléolithique*	top(o)-	lieu	*toponymie*
pan-,	tout	*panthéisme*	typo-	caractère	*typographe*
pant(o)-		*pantomime*	xén(o)-	étranger	*xénophile*
patho-	souffrance	*pathologie*	xylo-	bois	*xylophone*
ped-	enfant	*pédagogie*	zoo-	animal	*zoologie*

LE SENS DES MOTS

Chaque mot a un ou plusieurs sens ; l'étude des sens des mots est la sémantique. Les mots qui ont plusieurs sens sont appelés «polysémiques» : ainsi, *pied* a un sens propre *(le pied de l'homme)*, un sens figuré *(un pied de table)*, et peut aussi désigner une mesure, etc. Les mots qui n'ont qu'un seul sens sont monosémiques ; ce sont surtout des mots scientifiques.

LES FORMATIONS EXPRESSIVES

Les mots qu'on appelle « les formations expressives » sont les diminutifs, les péjoratifs et les onomatopées.

● Formés avec des suffixes, les diminutifs expriment généralement une nuance de petitesse ; il s'y joint souvent une nuance d'affection ou de mépris :

> men**otte**, diminutif de «main» ;
> maisonn**ette**, diminutif de «maison» ;
> femmel**ette**, diminutif de «femme».

● Formés eux aussi avec des suffixes, les péjoratifs font passer sur le mot le mépris dans lequel on tient l'être ou l'objet dont on parle, et sont souvent familiers :

> chauff**ard**, péjoratif de «chauffeur» ;
> popul**ace**, péjoratif de «peuple».

● Les onomatopées, qui évoquent certains bruits entendus, peuvent devenir de véritables noms ou donner naissance à des verbes :

> *(un) coucou ; (un) tic-tac ; patatras ;*
> *roucouler ; ronronner ; caqueter.*

SENS PROPRE ET SENS FIGURÉ

Certains mots s'emploient parfois dans un sens imagé, différent de leur sens le plus courant :

> Un **chemin** *est une voie de terre pour aller d'un lieu à un autre.*

«Chemin» est pris ici dans son sens propre.

Dans des expressions comme *le chemin du bonheur, le chemin de la vie,* «chemin» a un sens figuré. Ces expressions, qui permettent de créer des images, sont appelées des «métaphores».

ÉVOLUTION DU SENS DES MOTS

Les mots ne gardent pas le même sens au cours de l'histoire d'une langue. Ils peuvent subir des modifications ; les principales évolutions sont les suivantes.

● **Extension de sens** : «panier» désignait la corbeille destinée au pain. C'est maintenant l'ustensile portatif destiné au transport de denrées de toutes sortes.

● **Restriction de sens** : «émouvoir» était employé au sens propre, «mettre en mouvement», «mouvoir» : *émouvoir des cloches*. Il n'existe plus aujourd'hui qu'au sens figuré : *un drame émouvant*.

● **Affaiblissement de sens** : «triste» signifiait «farouche», «funeste». Il signifie maintenant «morne», «chagrinant» : *une triste nouvelle, des couleurs tristes*.

● **Renforcement de sens** : «génie» signifiait «caractère». Il signifie maintenant «le plus haut degré de l'intelligence ou d'une aptitude» : *c'est un génie de la mécanique*.

SYNONYMES ET ANTONYMES

● Les synonymes sont des mots qui ont à peu près la même signification et qui ne se distinguent que par une nuance de sens :

Une femme **fière** est soucieuse de son honneur et de sa dignité ;
Un homme **orgueilleux** admire ce qu'il fait et ce qu'il dit ;
Être **hautain**, c'est humilier les autres pour se grandir ;
Être **altier**, c'est être impérieux et méprisant.

«Fier», «orgueilleux», «hautain» et «altier» sont des synonymes.

● Les antonymes sont des mots de sens contraire ou inverse :

grand et *petit* ; *commencement* et *fin* ; *savoir* et *ignorer* ; *monter* et *descendre* ; *pauvre* et *riche*.

LES HOMONYMES

Les homonymes sont des mots qui se prononcent de la même manière quoique leur orthographe et leur sens diffèrent totalement, ou qui ont une même orthographe, mais des sens différents :

sceau, seau, sot, saut sont des homonymes.

De même, les deux mots «cousin», l'un désignant un insecte, l'autre un parent, sont des homonymes.

REMARQUE *Sceau, seau, sot, saut* sont dits aussi «homophones» parce qu'ils ont la même prononciation.
Les deux mots *cousin* sont dits aussi «homographes» parce qu'ils ont la même orthographe.

LA PHRASE ET LES CLASSES DE MOTS

La phrase est l'élément fondamental du discours ; constituée d'une combinaison de groupes de mots, elle est douée de sens. On distingue les mots selon leur sens, leur forme et leur fonction dans la phrase. Les noms, adjectifs, articles, pronoms, verbes sont des mots variables ; les adverbes, prépositions, conjonctions, interjections sont des mots invariables. Le nom et le verbe sont les constituants essentiels de la phrase. Ils forment respectivement un groupe du nom, qui a des fonctions syntaxiques diverses, et un groupe du verbe.

LA PHRASE

LA PHRASE SIMPLE

Une phrase simple est constituée seulement d'un groupe du nom et d'un groupe du verbe :

Le chat   poursuit une souris.
groupe du nom   groupe du verbe

Le petit chat de mon voisin   joue avec la pelote de laine.
groupe du nom   groupe du verbe

On voit que chaque groupe peut être développé au moyen d'adjectifs ou d'autres groupes de mots ayant une fonction de compléments et formant une ramification de la phrase simple.
Inversement, il arrive que le groupe du nom se réduise au nom seul :

Marie   joue avec Jean.
groupe du nom

Parfois, le groupe du verbe se réduit au verbe seul :

Le petit chat dort.
groupe du verbe

Parfois, enfin, le groupe du nom n'est pas exprimé, par exemple quand le verbe est à l'impératif :

— // Viens ici !

Mais, en fait, le groupe du nom désignant l'être à qui l'on s'adresse pourrait être exprimé :

Paul, // viens ici !

▌LA PHRASE COMPLEXE

Une phrase complexe est constituée d'une combinaison de plusieurs phrases appelées alors «propositions» ; à une phrase simple dite «principale» sont subordonnées d'autres phrases au moyen de conjonctions ou de pronoms relatifs :

> Je pense | que | Paul a dû être retardé par l'orage.
>
> proposition   conjonction   proposition
> principale   subordonnée

(Voir chapitre sur les propositions et suivants.)

▌CLASSES GRAMMATICALES

La combinaison des mots dans une phrase pour produire le sens se fait selon les règles propres aux différentes classes ou catégories grammaticales auxquelles ces mots appartiennent.

Chaque mot appartient à une classe grammaticale, définie par certaines propriétés syntaxiques et sémantiques ; il entre donc dans une catégorie grammaticale.

- **Le verbe** exprime une action ou un état :

  *Le jardin **reste** inculte depuis qu'elle est partie* («rester» = verbe d'état).

  *Il **part** en vacances demain* («partir» = verbe d'action).

- **Le nom** désigne un être ou une chose qui est dans un état, qui participe à une action, qui est en relation avec un autre être ou une autre chose :

  *Depuis plusieurs **jours**, les **vagues** frappaient la **digue** avec **violence**.*

- **L'article** détermine le nom et en précise le genre et le nombre :

  ***Un** concert sera donné dans **la** salle **des** fêtes.*

- **L'adjectif** indique une qualité ou précise le nom :

  *Un **fin** voilier entre dans le port.*
  ***Ma** sœur a lu **ce** livre **deux** fois.*

- **Le pronom** remplace un nom ou indique la personne qui agit ou subit :

  ***J'**ai prêté mon stylo à Luce, car **elle** avait perdu **le sien**.*

- **L'adverbe** modifie le sens d'un adjectif, d'un verbe ou d'un autre adverbe :

  *Elle s'installe **confortablement**.*
  *Il fait **trop** beau pour travailler.*
  *«**Très** peu, dit-il.»*

- **La conjonction** et **la préposition** établissent des rapports entre les mots ou les groupes de mots :

  *Les parents **et** les amis **de** Jean le félicitèrent **pour** sa promotion.*

- **L'interjection** souligne une exclamation de colère, de surprise, de dépit, etc. :

  ***Hélas !** tout est perdu ! **Oh !** il n'est pas rentré !*

LES CHANGEMENTS DE CATÉGORIE GRAMMATICALE

Un mot est à l'origine un nom, un adjectif ou un verbe, mais il peut changer de catégorie grammaticale :

— le nom peut devenir adjectif :

> *griller des* **marrons** → *des vestes* **marron** (adjectif de couleur) ;

— l'adjectif peut devenir nom, adverbe, préposition :

> *elle est* **malade** → *soigner les* **malades** (nom) ;
> *un* **faux** *pas* → *il chante* **faux** (adverbe) ;
> *il est sain et* **sauf** → **sauf** *votre respect* (préposition) ;

— le participe peut devenir adjectif, nom, préposition :

> **obéissant** *à sa mère* → *une fille* **obéissante** (adjectif) ;
> **assuré** *contre le vol* → *les* **assurés** *sociaux* (nom) ;
> *en* **suivant** *la route* → **suivant** *ce qu'il dira* (préposition) ;

— l'infinitif peut devenir nom :

> *elle croit* **devoir** *le dire* → *elle fait son* **devoir** ;

— l'adverbe peut devenir nom, adjectif :

> *rester* **dehors** → *des* **dehors** *insignifiants* (nom) ;
> *il dort* **bien** → *des gens très* **bien** (adjectif).

LA PONCTUATION

Les signes de ponctuation servent à séparer les phrases, les propositions, les mots entre eux, pour obéir à un besoin de clarté ou pour marquer une nuance de la pensée ou une intonation.

- **Le point (.)** indique la fin de la phrase :

    La maison est au sommet de la colline.

- **La virgule (,)** sépare des éléments juxtaposés ou apposés : sujets, verbes, adjectifs, etc., ou des propositions circonstancielles, relatives à valeur explicative, incises, participiales. Elle marque une courte pause :

    On voit le ciel, la mer, la côte.
    Cette maison, vieille, massive, sorte de forteresse, était inhabitée.
    Je vois, dit-il, que vous comprenez.

- **Le point-virgule (;)** sépare deux aspects d'une même idée, deux phases d'une action. Il marque une pause un peu plus longue que la virgule :

    Le chien, qui sommeillait, s'éveilla en sursaut ; il dressa l'oreille.

- **Le point d'interrogation (?)** se place à la fin des phrases qui expriment une interrogation directe :

    Quand aurons-nous terminé ?   Que veut-elle ?

- **Le point d'exclamation (!)** s'écrit après les interjections ou les phrases exprimant un sentiment vif :

    Attention !   Comme je vous plains !

- **Le tiret (—)** indique le début d'un dialogue ou le changement d'interlocuteur ; il s'emploie aussi pour mettre en valeur un mot ou une expression :

    Es-tu prête ? — Pas encore.   L'autre chien — le vieux — dormait.

- **Les points de suspension (...)** indiquent que la pensée n'est pas complètement exprimée. Ils marquent aussi une pause mettant en valeur ce qui suit :

    Si elle avait voulu...
    Cette absence me paraît... surprenante.

- **Les guillemets («»)** se mettent au commencement et à la fin d'une citation ou de la reproduction exacte des paroles de quelqu'un, ou encore pour marquer qu'une expression est étrangère au langage courant :

    «Venez me voir demain», dit-il.
    La «polenta» est un mets italien.

- **Le deux-points (:)** précède une citation ou un développement explicatif :

    Elle s'écria : «Lâchez-moi !»
    Je n'avance pas : je suis sans cesse dérangé.

21

● **Les parenthèses ( )** indiquent une phrase ou une réflexion accessoires ou encadrent le nom de l'auteur d'une citation :

> *On annonça (et chacun s'en doutait) que le vainqueur ne viendrait pas.*
> *Rien ne sert de courir, il faut partir à point (La Fontaine).*

● **Les crochets [ ]** s'emploient parfois à la place des parenthèses, par exemple pour insérer une précision, une remarque personnelle dans une citation :

> *Elle [la cigale] alla crier famine... (La Fontaine).*

LES ÉLÉMENTS DE LA PHRASE

LE NOM

Le nom, appelé aussi «substantif», est un mot variable, qui désigne soit un être animé (personne ou animal), soit une chose (objet ou idée) ; *chat, table, informaticienne, honneur, philosophie, sentiment, moto* sont des noms.

LES DIFFÉRENTES CATÉGORIES DE NOMS

On distingue, selon le sens :
— les noms concrets, qui désignent des êtres vivants ou des objets ;

— les noms abstraits, qui expriment des idées, des manières d'être :
>*navire* est un nom concret ; *fermeté* est un nom abstrait.

On distingue, selon la forme :
— les noms simples, formés d'un seul mot :
>*timbre* est un nom simple ;

— les noms composés, formés de la réunion de plusieurs mots (voir précédemment) :
>*portemanteau* est un nom composé écrit en un seul mot ;

>*timbre-poste* est un nom composé écrit en plusieurs mots, avec un trait d'union ;

>*résidence secondaire* est un nom composé écrit en plusieurs mots, sans trait d'union.

NOMS COMMUNS ET NOMS PROPRES

Les noms se répartissent en noms communs et en noms propres.
Les noms communs désignent tous les êtres, les choses d'une même espèce :
>le **fauteuil** du salon est un nom commun ; il désigne un objet particulier, mais qui répond à une définition générale ; le nom «fauteuil» est commun à tous les objets de la même espèce que lui. Il ne prend pas la majuscule.

Les noms propres donnent aux êtres vivants ou aux choses personnifiées une personnalité qui les présente comme des individus distincts des autres :
>*Louise*, un **Q**uébécois, le **S**aint-Laurent, **L**ausanne, le **S**énégal sont des noms propres. Ils prennent la majuscule.

Les noms propres sont essentiellement des prénoms, des noms de famille, des noms d'habitants d'un pays, d'une région, d'une ville, des noms géographiques (pays, fleuves, montagnes, régions, etc.).

ATTENTION

Un nom propre est parfois employé comme nom commun, et inversement :

Le **bordeaux** est un vin de la région de **Bordeaux** ;
Hercule est un héros mythologique. Un **hercule** est un homme très fort.

En revanche, *Charpentier, Lemercier, Marchand*, noms de famille, sont des noms propres issus de noms communs.

LE GENRE

Les noms se répartissent en deux genres, le masculin et le féminin, qui se manifestent par l'accord des articles et des adjectifs qui s'y rapportent :

le *frère* (masculin) ; **la** *sœur* (féminin) ;
un *pantalon* **blanc** ; **une** *robe* blan**che**.

Les noms d'êtres humains et de certains animaux sont du masculin ou du féminin suivant le sexe :

le *père* ; **la** *mère* ; **le** *soldat* ; **la** *concierge* ; **le** *chien*, **la** *chienne*.

ATTENTION

Une ordonnance, une vigie, une estafette, une clarinette, désignant des hommes, sont du féminin, tandis qu'*un mannequin, un bas-bleu, un laideron* et *un cordon-bleu*, désignant des femmes, sont du masculin.

Les noms de choses, les noms abstraits sont répartis par l'usage dans l'un ou l'autre genre :

une *table*, **un** *banc*, **une** *chaise*, **un** *lit*.

La présence de certains suffixes ou terminaisons permet de reconnaître le genre des noms :

suffixes de noms masculins	exemples	suffixes de noms féminins	exemples
-age	le nettoyage	-ade	une baignade
-ail	le travail	-aie	une cerisaie
-ain	un Romain	-aille	une canaille
-ament	le firmament	-aine	une quinzaine
-eau	un bordereau	-aison	une salaison
-ement	l'étonnement	-ance	la croyance
-er	un boucher	-ande	une réprimande
-ier	un prunier	-ée	une visée
-illon	un raidillon	-ie	de la charcuterie
-in	un ravin	-ille	une brindille
-is	du hachis	-ise	la franchise
-isme	le racisme	-ison	une garnison
-oir	le terroir	-itude	la solitude
-teur	un alternateur	-oire	une écumoire
		-sion	la passion
		-té	la beauté
		-tion	une attention
		-trice	une motrice
		-ure	la culture

Quelques catégories de noms appartiennent à un genre déterminé.

Sont ordinairement masculins :
— les noms d'arbres : **un** *chêne,* **un** *pin,* **un** *hêtre ;*
— les noms de métaux : **le** *fer,* **le** *zinc,* **le** *cuivre ;*
— les noms de langues : **le** *français,* **le** *chinois,* **le** *turc.*

Sont habituellement féminins :
— les noms de sciences : **la** *physique,* **la** *chimie.*

Mais il existe une exception : **le** *droit.*

LE NOMBRE

Les noms peuvent être au singulier ou au pluriel : le singulier désigne un seul être ou une seule chose ; le pluriel désigne plusieurs êtres ou plusieurs choses :

> **un** *chat* (singulier) ; **des** *chats* (pluriel).

Toutefois, certains noms appelés «noms collectifs» désignent au singulier un groupe d'êtres ou de choses :

> **le** *bétail ;* **la** *foule ;* **la** *flotte marchande.*

ATTENTION

Il existe des noms qui ne s'emploient qu'au pluriel. Certains désignent des ensembles :

> **des** *archives ;* **des** *bestiaux ;* **des** *décombres ;*

d'autres n'expriment pas spécialement l'idée de pluralité :

> **les** *ténèbres* (= *l'obscurité*) ; **des** *arrhes* (= **un** *acompte*).

LE FÉMININ DES NOMS

Si certains noms de choses sont féminins par nature, d'autres, désignant des êtres humains ou des animaux, se présentent sous deux formes : le masculin et le féminin. On dit qu'un nom est variable en genre quand il se présente sous la double forme du masculin et du féminin.

LA FORMATION DU FÉMININ

En général, le féminin d'un nom se forme en ajoutant simplement un **-e** à la fin du masculin :

> un ami → une ami**e** ; un candidat → une candidat**e** ;
> un cousin → une cousin**e**.

Les noms terminés par **-e** au masculin ne varient pas au féminin : *un artiste → une artiste*, sauf quelques-uns qui forment leur féminin à l'aide du suffixe **-esse** : *un prince → une princ**esse***.

ATTENTION

● Certains noms terminés par **-t** au masculin doublent ce **-t** au féminin : *un chat → une cha**tte***. De même, «paysan» et «Jean» doublent le **-n** au féminin : *une paysa**nne**, Je**anne***.

● D'autres noms forment leur féminin d'une manière particulière, soit avec un suffixe spécial, soit en doublant la consonne finale du masculin ou en la transformant, soit en introduisant un accent :

finale du masc.	finale du fém.	exemples
-eau	-elle	*un jumeau, une jum**elle***
-el	-elle	*Gabriel, Gabri**elle***
-er	-**è**re	*un fermier, une fermi**ère***
		*un boucher, une bouch**ère***
-eur	-euse	*un danseur, une dans**euse***
	-eresse	*un vengeur, une veng**eresse***
-f	-ve	*un veuf, une veu**ve***
-ien	-ienne	*un gardien, une gard**ienne***
-ion	-ionne	*un lion, une li**onne***
-oux	-ouse	*un époux, une ép**ouse***
-p	-ve	*un loup, une l**ouve***

FÉMININS IRRÉGULIERS

Le mot qui sert de féminin à un nom peut être totalement ou considérablement différent du masculin.

Par exemple :

roi,	reine	serviteur,	servante	empereur,	impératrice
mari,	femme	parrain,	marraine	fils,	fille
gendre,	bru	dieu,	déesse	neveu,	nièce
duc,	duchesse	pair,	pairesse	frère,	sœur
docteur,	doctoresse	héros,	héroïne	oncle,	tante
bouc,	chèvre	lièvre,	hase	cerf,	biche
jars,	oie	bélier,	brebis	verrat,	truie

Certains noms, désignant principalement des professions, n'ont encore pas de féminin correspondant ; on peut alors les faire précéder du mot «femme» :

> un médecin → une femme médecin ; un peintre → une femme peintre.

Mais la langue a formé aussi des féminins :

> un avocat → une avocate ; un pharmacien → une pharmacienne ;
> un conseiller municipal → une conseillère municipale.

REMARQUE   Certains noms, désignant des animaux, n'existent qu'au masculin ou au féminin ; si l'on veut préciser le sexe, on est obligé de joindre à ces noms les mots «mâle» ou «femelle» : un serpent femelle ; une hirondelle mâle.

PARTICULARITÉS SUR LE GENRE DE CERTAINS NOMS

● Certains noms changent de genre en passant du singulier au pluriel :

— **amour** est masculin au singulier et souvent féminin au pluriel :

> un grand amour ; de **folles** amour**s** ;

— **délice** est masculin au singulier, féminin au pluriel :

> ce gâteau est un pur délice ; c'étaient sans cesse de **nouvelles** délice**s** ;

— **orgue** est masculin au singulier et féminin au pluriel (désignant un seul instrument) :

> un orgue excellent ; jouer aux **grandes** orgue**s**.

● Certains noms hésitent entre les deux genres, par exemple, après-midi, entre-deux-guerres, palabre, pamplemousse, parka :

> **un bel** après-midi ou **une belle** après-midi.

● **Gens** est normalement du masculin :

> Il y a des gens très courag**eux**.

ATTENTION

Dans quelques expressions : les vieilles gens, les bonnes gens, les petites gens, le mot «gens» est précédé d'un adjectif épithète au féminin, mais suivi d'un adjectif attribut au masculin : les vieill**es** gens sont poli**s**.

● **Chose** et **personne** sont des noms féminins, mais, employés comme pronoms indéfinis, ils sont du masculin :

> une chose clair**e** ; **quelque chose** de clair ;
> une personne vive ; **personne** n'est ven**u**.

● Certains noms ont un sens différent au masculin et au féminin ; par exemple :

> **un manœuvre** est un ouvrier non spécialisé ; **une manœuvre** est un exercice ou un mouvement ;

> **un aigle** est un oiseau de proie ; **une aigle** est la femelle de l'aigle, mais peut aussi désigner un étendard ou un motif d'armoiries.

LE PLURIEL DES NOMS

En règle générale, un nom peut se présenter sous deux formes : le singulier et le pluriel. On dit que le nom est variable en nombre. Le singulier correspond ordinairement à la désignation d'un seul être ou d'une seule chose, et le pluriel, à la désignation de plusieurs êtres ou de plusieurs choses.

PLURIEL DES NOMS COMMUNS

Le plus souvent, le pluriel des noms communs se forme en ajoutant un **-s** au singulier :

> un ennui → des ennui**s**   un lit → des lit**s**.

ATTENTION

Le pluriel et le singulier sont semblables dans les noms terminés par **-s**, **-x**, **-z** :

> un bois → des bois   une noix → des noix   un nez → des nez.

● Les noms terminés en **-al** ont le pluriel en **-aux**. Mais *bal, carnaval, cérémonial, chacal, choral, festival, pal, récital, régal, santal*, etc., suivent la règle générale :

> un cheval → des chev**aux**   un chacal → des chacal**s**.

● Le pluriel des noms terminés en **-eau**, **-au**, **-eu** et **-œu** se forme en ajoutant un **-x** au singulier. Font exception : *landau, sarrau, bleu, pneu*, qui prennent un **-s** au pluriel :

> un veau → des veau**x**   un feu → des feu**x**   un vœu → des vœu**x** ;
> un étau → des étau**x**   un pneu → des pneu**s**.

● Le pluriel des noms terminés par **-ou** est en général en **-ous**. Font exception *bijou, caillou, chou, genou, hibou, joujou, pou*, qui prennent un **-x** au pluriel :

> un cou → des cou**s**   un chou → des chou**x**.

● Les noms terminés au singulier par **-ail** ont un pluriel régulier en **-ails**. Sauf *bail, corail, émail, soupirail, travail, vantail, vitrail*, qui ont le pluriel en **-aux** :

> un rail → des rail**s**   un travail → des trav**aux**.

● Les noms **aïeul**, **ciel** et **œil** ont des pluriels irréguliers :

> l'aïeul → les **aïeux**   le ciel → les **cieux**   l'œil → les **yeux**.

ATTENTION

On dit *bisaïeuls, trisaïeuls* et *aïeuls* dans le sens de «grands-parents», *ciels* dans «ciels de lit», «les ciels d'Île-de-France», et *œils* dans «œils-de-bœuf».

LURIEL DES NOMS COMMUNS
D'ORIGINE ÉTRANGÈRE

Le pluriel des noms empruntés aux langues étrangères est formé selon la règle générale du pluriel des noms communs :

> *un référendum* → *des référendum**s**.*

Certains de ces noms ont conservé le pluriel d'origine étrangère à côté du pluriel français ; toutefois, ce dernier tend maintenant à devenir le plus fréquent :

> *un maximum* → *des maxim**a*** ou *des maximum**s** ;*
> *un gentleman* → *des gentlem**en*** ou *des gentleman**s** ;*
> *un lied* → *des lied**er*** ou *des lied**s**.*

LURIEL DES NOMS PROPRES

LES NOMS GÉOGRAPHIQUES

Le pluriel des noms géographiques est formé comme celui des noms communs :

> *la Guyane française* → *les Guyane**s***   *l'Amérique* → *les Amérique**s**.*

LES NOMS DE PERSONNES

Les noms de personnes prennent la marque du pluriel :

● quand ils désignent :

— les **familles royales** : *les Bourbon**s**, les Tudor**s** ;*
— les **familles illustres** : *les Condé**s**, les Ségur**s** ;*

● quand ils servent de modèles ou qu'ils désignent des types : *les Hugo**s**, les Pasteur**s** ;*

● quand le nom de l'auteur désigne ses œuvres artistiques :
*des Renoir**s**, des Wattea**ux**.*

ATTENTION
Ils restent invariables quand ils sont pris dans un sens emphatique, grandiloquent et précédés de l'article :

> *Les **Molière** et les **Racine** sont l'image de leur temps.*

LURIEL DES NOMS COMPOSÉS

LES NOMS COMPOSÉS ÉCRITS EN UN SEUL MOT

Ils forment leur pluriel comme des noms simples :

> *un entresol* → *des entresol**s***   *un gendarme* → *des gendarme**s**.*

ATTENTION
On dit *gentilshommes, bonshommes, messieurs, mesdames, mesdemoiselles, messeigneurs*, pluriels de gentilhomme, bonhomme, monsieur, madame, mademoiselle, monseigneur.

31

LES NOMS COMPOSÉS
ÉCRITS EN PLUSIEURS MOTS

● S'ils sont formés d'un adjectif et d'un nom, tous deux prennent la marque du pluriel :

> un coffre-fort, des coffre**s**-fort**s** ; une basse-cour, des basse**s**-cour**s** ;
> un château fort, des château**x** fort**s**.

● S'ils sont formés de deux noms en apposition, tous deux prennent la marque du pluriel :

> un chou-fleur, des chou**x**-fleur**s** ; un chef-lieu, des chef**s**-lieu**x**.

● S'ils sont formés d'un nom et de son complément introduit ou non par une préposition, le premier nom seul prend la marque du pluriel :

> un chef-d'œuvre, des chef**s**-d'œuvre ;
> un timbre-poste, des timbre**s**-poste ;
> une pomme de terre, des pomme**s** de terre.

● S'ils sont formés d'un mot invariable et d'un nom, le nom seul prend la marque du pluriel :

> une avant-garde, des avant-garde**s** ; un en-tête, des en-tête**s**.

● S'ils sont formés de deux verbes ou d'une expression, tous les mots restent invariables :

> un va-et-vient, des va-et-vient ; un tête-à-tête, des tête-à-tête.

● S'ils sont composés d'un verbe et de son complément, le verbe reste invariable, le nom reste en général au singulier (ainsi dans les composés de **abat-**, **cache-**, **porte-**, **presse-**) :

> un abat-jour, des abat-jour ; un presse-purée, des presse-purée ;
> un porte-plume, des porte-plume ; un cache-col, des cache-col ;
> un gratte-ciel, des gratte-ciel.

ATTENTION

Dans un certain nombre de noms composés de cette façon, le nom prend la marque du pluriel :

> un couvre-lit, des couvre-lit**s** ; un tire-bouchon, des tire-bouchon**s**.

● Dans les noms composés avec le mot **garde**, celui-ci peut être un nom ou un verbe. S'il est un nom, il prend la marque du pluriel, et le nom qui suit reste invariable ; s'il est un verbe, il reste invariable, et le nom qui suit peut prendre ou non la marque du pluriel, selon le sens :

> un garde-pêche, des garde**s**-pêche («garde» désigne la personne chargée de la surveillance de la pêche) ;
> un garde-boue, des gard**e**-boue (ici «garde» est un verbe : le nom composé désigne un objet qui garde, protège de la boue).

● Dans les noms composés avec l'adjectif **grand**, celui-ci est resté longtemps invariable s'il accompagnait un nom féminin :

> une grand-mère, des gran**d**-mères,
> mais un grand-père, des grand**s**-pères.

Toutefois, on écrit souvent aujourd'hui : une grand-mère, des grand**s**-mères.

LES CHANGEMENTS DE SENS AU PLURIEL

Certains noms ont pris un sens différent au singulier et au pluriel au cours de l'évolution de la langue :

> *Le sculpteur se sert d'***un ciseau** *(petit outil fait d'une lame).*
> *On utilise* **les ciseaux** *pour couper* (instrument fait de deux lames croisées et mobiles).

De même : *assise, lunette, vacance, ouïe, émail*, etc.

LE NOM SUJET ET LE COMPLÉMENT D'AGENT

Pour reconnaître le sujet d'un verbe, on peut poser la question «qui est-ce qui ?» ou «qu'est-ce qui ?» et la faire suivre du verbe de la phrase.
Par exemple, dans *Paule tombe,* on peut se demander : Qui est-ce qui tombe ? *Paule.* «Paule» est le sujet de «tombe».
Dans *La boue tache les jambes,* qu'est-ce qui tache ? *la boue.* «Boue» est le sujet de «tache».
Quand un verbe passe de la voix active à la voix passive, le sujet du verbe devient le complément d'agent du verbe passif.

SENS ET FONCTION DU NOM SUJET

● Un nom est sujet d'un verbe quand il désigne l'être ou la chose qui fait l'action ou qui est dans l'état indiqué par le verbe actif :

Les arbres **perdent** *leurs feuilles en automne.*

sujet de
«perdent»

Le **vent** *se lève :* «vent», sujet de «se lève» ; *L'***enfant** *semblait perdu au milieu de cette foule :* «enfant», sujet de «semblait».

● Un nom est sujet d'un verbe passif quand il désigne l'être ou la chose qui subit l'action indiquée par le verbe :

Le discours **fut prononcé** *par le maire.*

sujet de
«fut prononcé».

LE SUJET D'UN VERBE
À UN MODE PERSONNEL OU IMPERSONNEL

● Un nom peut être sujet d'un verbe à un mode personnel : indicatif, conditionnel, subjonctif :

Les **assistants se mirent** *à rire :* «assistants», sujet de «se mirent».

● Il peut être aussi le sujet de l'infinitif, verbe de la proposition infinitive :

*Elle vit l'***avion atterrir** *sur la piste :* «avion», sujet de «atterrir» ;

ou sujet d'un infinitif de narration :

Grenouilles *aussitôt* **de sauter** *dans les ondes* (La Fontaine) : «grenouilles», sujet de «sauter».

● Un nom peut être aussi sujet d'un participe, verbe de la proposition participiale :

> *Le **repas fini**, elle prit son journal :* «repas», sujet de «(étant) fini» ;
> *Ce **film** lui **déplaisant**, elle est sortie de la salle de cinéma :* «film», sujet de «déplaisant».

LE SUJET NON EXPRIMÉ

Le sujet n'est pas exprimé quand le verbe est à l'impératif, ou dans certaines expressions qui remontent à l'ancien français :

> ***Allons** voir ce qui se passe.*
> *Peu **importe** (c'est-à-dire : il importe peu).*

LE SUJET RÉEL ET LE SUJET APPARENT

Dans les verbes impersonnels ou pris impersonnellement (voir «Modes, temps...»), on distingue le sujet apparent et le sujet réel. Le sujet réel, placé après le verbe, fait ou subit l'action indiquée par le verbe.
Le sujet apparent est un pronom (**il** ou **ce**) qui, placé avant le verbe, laisse prévoir le sujet réel, tout en dictant l'accord du verbe :

> *Il lui arrive une aventure extraordinaire.*

sujet apparent   sujet réel
de «arrive»   de «arrive»

> ***C'est** une maligne, cette fille :* «c'», sujet apparent de «est» ; «fille», sujet réel de «est».

LE NOM COMPLÉMENT D'AGENT

Le complément d'agent du verbe répond à la question «par qui ?» posée après un verbe à la voix passive.

Il exprime l'agent par qui une action est faite :

> *Elle fut heurtée **par un passant**.*

Si la même idée était exprimée à la voix active, le complément d'agent du verbe passif serait le sujet du verbe actif : ***Un passant** la heurta.*

Le complément d'agent peut être introduit par les prépositions :

— **de** : *Il est aimé de ses parents. Il est compris de tous* ;
— **par** : *Sa maison fut pillée par des voleurs.*

LA PLACE DU NOM SUJET

Le nom sujet est, en général, placé avant le verbe :

> *Le **jardinier** gardait ses fleurs.   Le **chat** dort près du feu.*

ATTENTION

Il peut y avoir déplacement du sujet ; on parle alors d'«inversion du sujet».

▓ POSITION APRÈS LE VERBE

● Le nom sujet est placé après le verbe :

— dans les propositions interrogatives directes qui commencent par le pronom interrogatif **que**, complément d'objet ou attribut, ou par l'adjectif interrogatif **quel** :

Que $\boxed{veut}$ **ce client** ?

Que devient **votre fille** ?   Quel est **votre avis** ?

— dans les propositions incises ou intercalées :

Je ne pourrai, $\boxed{répondit}$ **Pierre**, venir demain à votre rendez-vous ;

— dans les propositions indiquant un souhait ou une hypothèse, ou commençant par les expressions **peu importe**, **qu'importe ?** :

$\boxed{Puisse}$ **votre pronostic** se réaliser !

Soit **le cercle** de centre O.   Peu importe **mon plaisir** personnel !

— dans les propositions commençant par un adjectif attribut :

Tel $\boxed{est}$ **mon conseil**.

Rares sont **les exceptions**.

● Le nom sujet peut être placé après le verbe, sans qu'il s'agisse d'une construction obligatoire :

— dans les propositions relatives commençant par un relatif complément d'objet, attribut ou complément circonstanciel :

La chanson que $\boxed{chantait}$ **Paule**, ou la chanson que **Paule** $\boxed{chantait}$.

Le mal dont votre **mère** souffre, ou le mal dont souffre votre **mère** ;

— dans les propositions infinitives (voir «Les complétives») :

J'ai entendu $\boxed{chanter}$ **le coq**, ou J'ai entendu **le coq** $\boxed{chanter}$;

— dans les propositions interrogatives indirectes commençant par un mot interrogatif (**quel**, **quand**, **comment**, etc.) :

Je ne me rappelle plus où $\boxed{habitait}$ **Jacques**, ou où **Jacques** $\boxed{habitait}$;

— dans les propositions qui commencent par un adverbe ou un complément circonstanciel de lieu ou de temps :

Le long d'un clair ruisseau $\boxed{buvait}$ **une colombe** (La Fontaine) ;

Bientôt $\boxed{apparaîtra}$ **la neige** ou Bientôt **la neige** $\boxed{apparaîtra}$;

— dans certaines subordonnées conjonctives :

Comme le $\boxed{croient}$ **les enfants**, ou Comme **les enfants** le $\boxed{croient}$.

▓ POSITION DU NOM SUJET
AVANT LE VERBE ET REPRISE PAR UN PRONOM

● Le nom sujet est placé avant le verbe, mais repris par un pronom personnel après le verbe (ou entre l'auxiliaire et le verbe) :

— dans les propositions interrogatives directes qui ne commencent par aucun mot interrogatif, ou qui sont introduites par le pronom interrogatif **qui**, complément d'objet, ou par l'adverbe **pourquoi** :

La pluie a-t-**elle** *cessé de tomber ? Qui* **le conseil** *a-t-**il** élu président ? Pourquoi* **votre sœur** *ne m'a-t-**elle** rien dit ?*

— dans les propositions interrogatives directes qui contiennent un complément d'objet direct sur lequel ne porte pas la question posée :

Comment **votre mère** *aurait-**elle** appris la nouvelle ?*

Dans une telle phrase, la question ne porte pas sur «la nouvelle» (complément d'objet direct), mais sur la manière dont elle aurait été apprise (**comment ?**).

● Le nom sujet peut être placé avant le verbe, mais repris par un pronom personnel placé après le verbe (ou entre l'auxiliaire et le verbe), sans que cette construction soit obligatoire :

— dans les propositions commençant par les adverbes **du moins**, **au moins**, **ainsi**, **peut-être**, **aussi**, **à peine**, **sans doute** :

Du moins **Paule** *n'a-t-**elle** rien vu,* ou *Du moins* **Paule** *n'a rien vu ;*

— dans les propositions interrogatives qui commencent par les adverbes **où**, **quand**, **comment**, **combien**, ou par le pronom interrogatif **qui** ou **quoi** complément d'objet indirect ou circonstanciel :

Où **cette route** *mène-t-**elle** ?* ou *Où mène cette* **route** *?*
À qui **Pompidou** *a-t-**il** succédé ?* ou *À qui a succédé* **Pompidou** *?*

— dans les propositions exclamatives commençant par un mot exclamatif (mais, en ce cas, sans reprise par le pronom) :

Que d'efforts **ce travail** *a exigés !* ou *Que d'efforts a exigés* **ce travail !**

LE COMPLÉMENT DE DÉTERMINATION

On appelle «complément de détermination» un mot ou un groupe qui précise le sens d'un autre mot, qui en limite la portée, qui le détermine. Si le mot ainsi précisé est un nom, on parle couramment de «complément du nom». Il existe aussi des compléments de détermination de l'adjectif et de l'adverbe (voir p. 56 et 121).

PLACE DU COMPLÉMENT DU NOM

Le complément du nom fait partie du groupe du nom. Il est toujours placé après le nom qu'il détermine et, le plus souvent, il lui est relié par une préposition :

Le lion est le roi | de | la | savane .

préposition article compl.
du nom «roi»

Mais il peut aussi être simplement juxtaposé :

une moquette **polyester** (= en polyester).

SENS DU COMPLÉMENT DU NOM

Le complément du nom exprime, entre autres sens :

— le possesseur ou l'auteur : *la maison de **Claudine** ; une lettre de **Pierre** ;*
— le sujet de l'action : *l'arrivée des **coureurs** ;*
— l'objet de l'action : *l'invention d'un **procédé** ;*
— la matière : *le toit d'**ardoise** ; une montre en **or** ;*
— le but, la destination : *une trousse à **outils** ; des cartes de **visite** ;*
— le lieu : *la bataille d'**Angleterre** ; le retour à **Toronto** ;*
— l'origine : *le jambon d'**York** ; du sucre de **betterave** ;*
— le contenu : *la bouteille de **lait** ; un verre d'**eau** ;*
— le tout dont le nom complété n'est qu'une partie : *les doigts de la **main** ; les voiles du **navire** ;*
— la qualité : *le héron au long **bec** ;*
— le moyen, la manière : *un coup de **couteau** ;*
*des arbres en **quinconce** ;*
— la mesure, le prix : *un fossé de trois **mètres** ; un livre de **grand prix**.*

Il est, le plus souvent, introduit par la préposition **de**, mais il peut l'être aussi par les prépositions **à**, **en**, **par**, **pour**, etc., selon le sens :

*l'obéissance **à** la loi ; un éclat **de** rire ;*
*le ronronnement **du** chat ; la lutte **pour** la vie.*

LE NOM COMPLÉMENT D'OBJET

Un nom est complément d'objet quand il indique l'être ou la chose sur lesquels s'exerce l'action exprimée par le verbe. Dans la phrase *Le vent gonfle les voiles,* «voiles» est complément d'objet de «gonfle». Dans *Tu dois te souvenir de nos jeunes années,* «années» est complément d'objet de «te souvenir».

LES DIFFÉRENTS COMPLÉMENTS D'OBJET

On distingue trois sortes de compléments d'objet (C.O.).

● Le complément d'objet direct (C.O.D.), qui est construit sans préposition :

J'ai fermé la fenêtre .
C.O.D.
de «ai fermé»

● Le complément d'objet indirect (C.O.I.), qui est introduit par une préposition, en général **à** ou **de** :

*Ils renoncèrent **à** la* poursuite .
C.O.I.
de «renoncèrent»

*Je n'ai jamais douté **de** ses **capacités*** : «capacités» est C.O.I. de «ai douté».

REMARQUE L'usage seul permet de connaître les verbes qui se construisent avec telle ou telle préposition : *obéir **à**, jouir **de**, échapper **à**, user **de**, nuire **à**,* etc.

● Le complément d'objet second (C.O.S.), qu'on peut rencontrer avec certains verbes qui ont déjà un complément d'objet direct ou indirect :

On a opposé un refus à ma demande .
C.O.S.
de «a opposé»

*J'ai parlé de cette question à un **spécialiste*** : «spécialiste» est C.O.S. de «ai parlé».

REMARQUE On donne le nom de complément d'attribution à un complément d'objet second d'un verbe exprimant l'idée de donner, attribuer, prêter, rendre, accorder, vendre, appartenir :

*Il a loué sa maison à des **étrangers*** : «étrangers» est complément d'attribution de «a loué».

La place du complément d'objet

Le nom complément d'objet se place normalement après le verbe :

> *Elle avait terminé **la lecture** de ce livre.*

Dans les phrases interrogatives ou exclamatives, le nom complément d'objet peut se trouver avant le verbe si la question, l'exclamation portent sur l'objet :

> *Quelle **route** dois-je suivre ?* «route», C.O.D. de «suivre».
> *De quelle **route** parlez-vous ?* «route», C.O.I. de «parlez».
> *Quel **bruit** vous faites !* «bruit», C.O.D. de «faites».

Il peut être placé en tête de phrase afin d'être mis en valeur, mais, dans ce cas, il est rappelé par un pronom personnel :

> *Cette **décision**, je **la** réprouve :* «décision» est C.O.D. de «réprouve», comme «la», qui représente «décision».

LE NOM ATTRIBUT
L'APPOSITION ET L'APOSTROPHE

Le nom, sujet ou complément d'objet, peut être l'objet d'une qualification, d'une détermination particulière qui sont réalisées autrement qu'à l'aide d'un adjectif (voir p. 55) ou d'un complément de détermination.

LE NOM ATTRIBUT

Un nom est attribut quand il indique la qualité donnée ou reconnue soit au sujet, soit au complément d'objet, par l'intermédiaire du verbe.

L'ATTRIBUT DU SUJET

L'attribut du sujet est introduit par un verbe d'état (**être**, **paraître**, **sembler**, etc.), par certains verbes passifs ou certains verbes intransitifs :

> *Tout vous est* **aquilon**, *tout me semble* **zéphyr** (La Fontaine) : «aquilon» et «zéphyr» sont attributs de chaque sujet «tout».

> *Elle a été élue* **déléguée** : «déléguée» est attribut du sujet «elle» ;
> *Paul restait un* **enfant** : «enfant» est attribut du sujet «Paul».

L'ATTRIBUT DU COMPLÉMENT D'OBJET

L'attribut du complément d'objet est introduit par un verbe comme **croire**, **estimer**, **faire**, **juger**, **penser**, **nommer**, **rendre**, **voir**, **choisir**, **élire**, **trouver**, etc. :

> *Je le crois* **honnête homme** : «honnête homme» est attribut du complément d'objet «le» ;

> *Le roi l'a fait* **duc** *et* **pair** : «duc» et «pair» sont attributs du complément d'objet «l'».

ATTENTION

L'attribut du sujet ou du C.O. peut être introduit par une préposition (**pour**, **en**, **de**) ou par une conjonction (**comme**) :

> *On l'a pris* **pour** *un* **fou** : «fou» est attribut du C.O. «l'» ;
> *Elle me traite* **en ami** : «ami» est attribut du C.O. «me» ;
> *Il est considéré* **comme** *un* **savant** : «savant» est attribut du sujet «il».

LE NOM MIS EN APPOSITION

Un nom est mis en apposition quand il se joint (le plus souvent sans l'intermédiaire d'une préposition) à un nom — ou à un pronom — pour en indiquer la qualité, le définir ou le préciser. L'apposition désigne la même personne ou la même chose que le nom qu'elle complète.

41

Le plus souvent, l'apposition est séparée du mot qu'elle complète par une pause (une virgule à l'écrit) :

> *Le lion,* **terreur** *de la savane :* «terreur» est mis en apposition à «lion».
> *Vous, les* **élèves** *de cette classe :* «élèves», apposition à «vous».

Parfois, l'apposition et le mot complété sont simplement juxtaposés, sans virgule ni pause :

> *Un enfant* **prodige**. *Voici mon cousin* **dentiste**.

ATTENTION
Dans des expressions comme :

> *La ville* **de Vancouver**, *le mois* **de juin**, *le titre* **de marquis**,
> les mots «Vancouver», «juin», «marquis» sont considérés comme des appositions de construction indirecte.

LE NOM MIS EN APOSTROPHE

Un nom est mis en apostrophe quand il désigne la personne (ou la chose personnifiée) que l'on interpelle :

> **Jeanne**, *viens à table !* («Jeanne» est mis en apostrophe) ;
> *Sonnez, sonnez toujours,* **clairons** *de la pensée !* (Victor Hugo) : «clairons» est mis en apostrophe.

LE NOM COMPLÉMENT CIRCONSTANCIEL

Un nom est complément circonstanciel (C.C) quand il indique dans quelle condition ou dans quelle circonstance s'accomplit l'action marquée par le verbe. Les compléments circonstanciels répondent aux questions *où ? quand ?* *comment ? pourquoi ? combien ?* etc., posées après le verbe. Il existe donc des C.C. de lieu, de temps, de manière, de mesure, d'accompagnement, de privation, de cause, de but ou d'intérêt, de prix, de moyen, etc.

CONSTRUCTION DES COMPLÉMENTS CIRCONSTANCIELS

Le complément circonstanciel, souvent introduit par une préposition, peut aussi être construit directement :

> *Elle vient cette semaine **à Paris*** ; *Elle marche **avec lenteur*** ; ***Depuis mardi**, je ne l'ai pas vu* ; *Il est parti **mardi**.*

LE COMPLÉMENT CIRCONSTANCIEL DE LIEU

● Il répond aux questions posées après le verbe : **où ? d'où ? par où ?**

Il exprime au sens propre :
— le lieu où l'on est :   *Il réside **à Lyon*** ;
— le lieu où l'on va :   *Elle se rend **à la campagne*** ;
— le lieu d'où l'on vient :   *Un rat sortit **de terre*** ;
— le lieu d'où l'on s'écarte :   *Elle éloigna la lampe **du livre*** ;
— le lieu par où l'on passe :   *Il a sauté **par la fenêtre**.*

Il peut indiquer au sens figuré l'origine d'une personne :

> *Il est issu **de famille paysanne**.*

● Il peut être introduit par des prépositions telles que :

à : *Il est arrivé **à la gare*** ;
*Il puise de l'eau **à une source*** ;
de : *Elle s'écarte **de la route*** ;
*Il est né **de parents modestes*** ;
par : *Le train passe **par la vallée*** ;
vers : *Elle marche **vers la voiture*** ;

chez : *Elle se rend **chez son ami*** ;
dans : *Entrez **dans la chambre*** ;
sur : *Mettez le livre **sur la table*** ;
sous : *Cherchez **sous le buffet*** ;
pour : *Elle a pris le train **pour Toronto*** ;
en : *Restez **en classe*** ;

et aussi **parmi** (avec un pluriel), **jusqu'à**, **contre**, etc.

ATTENTION

Il peut être construit sans préposition (ne pas le confondre avec un C.O.D.) :

> *Il demeure **rue Victor-Hugo*** (il demeure où ?).

LE COMPLÉMENT CIRCONSTANCIEL DE TEMPS

● Il répond aux questions **quand** ? **combien de temps** ? **depuis combien de temps** ? Il exprime :

— la date de l'action :   *Je prends des vacances **en août** ;*
— le moment de l'action :   *Elle est sortie **à cinq heures** ;*
— la durée de l'action :   *Il marcha **trente jours**.*

● Il peut être introduit par des prépositions telles que :

à : *À l'aube, la campagne s'anime ;*   **vers** : *Le vent se leva **vers le soir** ;*
de : *Il est venu **de bonne heure** ;*   **sur** : *Elle rentrera **sur les six heures** ;*
dans : *J'aurai terminé **dans un instant** ;* **pour** : *Elle est partie **pour deux jours** ;*
en : *La neige est tombée **en janvier** ;* **durant** : *Je l'ai vu **durant mon voyage**.*

ATTENTION
Il peut être construit directement, sans préposition (ne pas le confondre avec un C.O.D.) : *Il resta un **mois** à l'étranger* (il resta combien de temps ?).

LES COMPLÉMENTS CIRCONSTANCIELS

DE MANIÈRE, DE POINT DE VUE, DE COMPARAISON

● Ils répondent aux questions **comment** ? **de quelle façon** ? **par rapport à qui** ou **à quoi** ? **de quel point de vue** ? etc. Ils expriment :

— la manière dont se fait l'action :   *Elle travaille **avec ardeur** ;*
— le point de vue envisagé :   *Elle réussit mieux **en mathématiques** ;*
— la comparaison :   *Il est grand **pour son âge**.*

● Ils peuvent être introduits par les prépositions :

à : *Elle allait **à grands pas** ;*   **avec** : *Elle refusa **avec mépris** ;*
de : *Regarder **d'un air** distrait ;*   **sans** : *Il le regarda **sans colère** ;*
en : *Examiner la lettre **en silence** ;* **pour** : *Il a bien réussi, **pour un essai** ;*
                                    selon : ***Selon ses dires**, il est innocent.*

● Ils peuvent être construits directement : *Elle marchait **la tête haute**.*

● Les compléments de comparaison peuvent être introduits par les conjonctions **comme** ou **que** :

       *Il conduisait **comme** un fou.   Elle est plus grande **que** son frère.*

REMARQUE   Dans ces deux derniers cas, on peut faire de «fou» et de «frère» les sujets des verbes sous-entendus : *il conduisait comme un fou **conduirait** ; elle est plus grande que son frère **n'est***, ou, mieux encore, faire de «frère» le complément du comparatif «plus grande».

LES COMPLÉMENTS CIRCONSTANCIELS

DE PRIX ET DE MESURE

● Ils répondent aux questions **à quel prix** ? **combien** ? Ils expriment :

— le prix : *Il a payé ce terrain **une forte somme** ;*

— la mesure :   *La piste du stade mesure **quatre cents mètres** ;*
— le poids :   *Ce paquet pèse **trois kilos**.*

● Ils peuvent être introduits par des prépositions telles que :

à :   *Le terrain est **à un prix excessif** ;*
pour :   ***Pour cette somme**, je vous le donne ;*
de :   *Le thermomètre est descendu **d'un degré** ;*
sur :   *La plage s'étend **sur plusieurs kilomètres**.*

ATTENTION
Ils peuvent être construits directement (ne pas les confondre avec des C.O.D.) :

      *Un tableau de maître se vend **plusieurs millions** (se vend combien ?).*

LES COMPLÉMENTS CIRCONSTANCIELS

D'ACCOMPAGNEMENT ET DE PRIVATION

● Ils répondent aux questions **accompagné de qui** ou **de quoi** ? **avec qui** ou **quoi** ? **sans être accompagné de qui** ou **de quoi** ? Ils expriment :

— l'accompagnement :   *Il est parti en vacances **avec sa mère** ;*
                       *L'appareil est vendu **avec ses accessoires** ;*
— la privation :   *Elle est venue **sans son frère**.*

● Ils peuvent être introduits par les prépositions :

avec :   *Elle se promène **avec son chien** ; Elle est partie **avec des amis** ;*
sans :   *Il voyage **sans sa femme** ; Il vit seul, **sans ressources**.*

LE COMPLÉMENT CIRCONSTANCIEL DE MOYEN

● Il répond aux questions posées après le verbe : **au moyen de qui** ou **de quoi** ? **en quoi** ou **avec quoi** ? **par quelle partie** ? Il exprime :

— l'instrument :   *Elle écrivit son nom **avec un crayon** ;*
— la matière :   *La cheminée est **en marbre** ;*
— la partie du corps :   *Je le pris **par le bras** ;*
— la partie de l'objet :   *Pierre me tira **par la manche**.*

● Il peut être introduit par les prépositions :

à :   *Tracez vos lignes **à la règle** ;*
avec :   *Il découpa la gravure **avec des ciseaux** ;*
de :   *Elle le poussa **de l'épaule** ;*
par :   *Elle le saisit **par le cou** ;*
en :   *La cloison est faite **en carreaux de plâtre**.*

LE COMPLÉMENT CIRCONSTANCIEL DE CAUSE

Il répond aux questions posées après le verbe : **pourquoi** ? **pour quelle raison** ? **sous l'effet de quoi** ? Il exprime :

— la cause (sens propre) :   *Elle est morte **d'un cancer** ;*
— le motif (sens figuré) :   *Il est entré **par erreur**.*

- Il peut être introduit par les prépositions :

de :   *Il resta muet **de surprise** ;*
par :   *Elle renversa un verre **par inadvertance** ;*
pour : *Il fut félicité **pour son succès**.*

Le complément circonstanciel d'opposition

Le complément d'opposition (dit aussi «de concession») est introduit par la préposition **malgré** ou la locution prépositive **en dépit de**.
Il indique la cause qui aurait pu s'opposer à l'action exprimée par le verbe :

> *Elle sortit **malgré la pluie** ;*
> ***En dépit de sa tristesse**, elle souriait.*

Le complément circonstanciel de but ou d'intérêt

- Il répond aux questions posées après le verbe : **dans quelle intention ? au profit de qui ?** ou **contre qui** ou **contre quoi ?** Il exprime :

— le but :   *Tout le monde se réunit **pour le cortège** ;*
— l'intérêt :   *Elle travaille **pour ses enfants** ;*
— l'hostilité : *Il n'a jamais rien fait **contre ses amis**.*

- Il peut être introduit par des prépositions telles que :

à :   *J'ai volé **à son secours** ;*
pour :   *Prends un savon **pour ta toilette** ;*
dans :   *Elle travaille **dans l'espoir de réussir** ;*
contre : *Il a voté **contre cette loi**.*

La place des compléments circonstanciels

Les compléments circonstanciels ont en général une place mobile dans la phrase. Ils sont ordinairement placés après le verbe et le complément d'objet ; s'il y a plusieurs compléments circonstanciels, on termine en général par le plus long :

> *On devinait sa peur, **en ce moment, sous l'impassibilité du visage**.*

Toutefois, les compléments circonstanciels, en particulier ceux de lieu et de temps, peuvent se trouver avant le verbe :

> ***Le mardi matin, à huit heures**, elle prit l'avion pour Toronto.*

L'ADJECTIF QUALIFICATIF

L'adjectif qualificatif est un mot variable, indiquant une qualité d'un être ou d'une chose (désignés par un nom ou un pronom).

Il peut varier de forme selon son genre et selon son nombre : *un gentil garçon ; de petits villages ; cela est inutile.*

FORMATION DU FÉMININ

En général, le féminin se forme en ajoutant un **-e** à la fin du masculin :

> *un grand bureau → une grande échelle ;*
> *un hardi marin → une manœuvre hardie.*

REMARQUE   Si le masculin est terminé par un **-e**, l'adjectif ne change pas au féminin : *un large trottoir → une rue large.*

● Si le masculin est terminé par **-gu**, le féminin est en **-guë** (avec tréma sur l'**-e**) :

> *un cri aigu → une pointe aiguë.*

● Si le masculin est terminé en **-eau**, **-ou**, le féminin est en **-elle**, **-olle** :

> *un beau jouet → une belle gravure ;*
> *un terrain mou → une chair molle.*

ATTENTION
Flou, hindou ont pour féminins : *floue, hindoue.*

● Si le masculin est en **-el**, **-ul**, **-l** mouillé, le féminin est en **-elle**, **-ulle**, **-ille** :

> *un cruel ennemi → une farce cruelle ;*
> *un devoir nul → une note nulle ;*
> *un pareil espoir → une vie pareille.*

● Si le masculin est terminé par **-ien**, **-on**, le féminin est en **-ienne**, **-onne** :

> *un château ancien → une bague ancienne ;*
> *un bon numéro → une bonne affaire.*

● Si le masculin est terminé par **-an**, le féminin est en **-ane** :

> *l'esprit partisan → une querelle partisane.*

ATTENTION
Paysan a pour féminin : *paysanne.*

> *le labeur paysan → la vie paysanne.*

● Si le masculin est terminé en **-et**, le féminin est en **-ette** :

> *un élève muet → une douleur muette.*

ATTENTION
Les adjectifs **complet**, **désuet**, **discret**, **incomplet**, **indiscret**, **inquiet**, **replet**, **secret** ont le féminin en **-ète** : *un regard inquiet → l'âme inquiète.*

● Les adjectifs masculins terminés en **-ot** ont le féminin en **-ote**, sauf **boulot, maigriot, pâlot, sot, vieillot,** qui doublent le **-t-** :

> *un conte idiot* → *une farce* ***idiote*** *;*
> *un sot conseil* → *une so**tte** réponse.*

● Les masculins **bas**, **épais**, **gros**, **faux**, **roux**, **las**, **exprès**, **métis** ont le féminin en **-sse** ou **-esse** :

> *un billet faux* → *une pièce* ***fausse*** *;*
> *un ordre exprès* → *une défense* ***expresse.***

● Si le masculin est terminé en **-er**, le féminin est en **-ère** :

> *le dernier mot* → *la* ***dernière*** *page ;*
> *un air léger* → *une brise* ***légère.***

● Si le masculin est terminé par **-eux**, **-oux**, **-eur**, le féminin est en **-euse**, **-ouse**, **-euse** :

> *un garçon sérieux* → *une idée* ***sérieuse*** *;*
> *un enfant jaloux* → *une fille* ***jalouse*** *;*
> *un rire trompeur* → *une réponse* ***trompeuse.***

ATTENTION
Antérieur, **extérieur**, **inférieur**, **intérieur**, **majeur**, **meilleur**, **mineur**, **postérieur**, **supérieur**, **ultérieur** ont le féminin en **-e** : *un meilleur avis* → *une meill**eure** vie.*

● *Si le masculin est en* **-teur**, *le féminin est généralement en* **-trice**, *si le* **-t** appartient au suffixe :

> *un nom évocateur* → *une phrase* ***évocatrice.***

ATTENTION
Les adjectifs masculins en **-teur** dont le **-t** appartient au radical (qui apparaît à l'infinitif du verbe dont ils sont dérivés) ont en principe un féminin en **-teuse** :

> *un enfant menteur* → *une fillette* ***menteuse*** (on retrouve le **-t** dans «mentir»).

● Si le masculin est terminé par un **-f**, le féminin est en **-ve** :

> *un froid vif* → *une* ***vive*** *discussion.*

▨ FÉMININS IRRÉGULIERS

Certains adjectifs ont un féminin irrégulier, par exemple :

adjectif masculin	terminaison du féminin	adjectif féminin
blanc ; franc	-che	blanche ; franche
frais ; sec		fraîche ; sèche
doux ; tiers	-ce	douce ; tierce
maître ; traître	-esse	maîtresse ; traîtresse
vengeur ; pécheur	-eresse	vengeresse ; pécheresse
bénin ; malin	-gne	bénigne ; maligne
long	-gue	longue
caduc ; turc ;	-que	caduque ; turque
grec	-cque	grecque
andalou	-se	andalouse
favori ; coi	-te	favorite ; coite
hébreu ; vieux	(très irréguliers)	hébraïque ; vieille

FORMATION DU PLURIEL

En général, le pluriel de l'adjectif se forme en ajoutant un **-s** au singulier :

> un grand cahier → de grand**s** espoirs ;
> une phrase brève → de brève**s** phrases.

REMARQUE   Si le singulier est terminé par un **-s** ou par un **-x**, l'adjectif ne change pas au pluriel : *un chat gris → des chats gris ; un faux nez → de faux nez.*

● Si le singulier est terminé par **-al**, le pluriel est en **-aux** :

> un tigre royal → des tigres roy**aux**.

ATTENTION

— **Banal, bancal, fatal, final, glacial, natal, naval, tonal** ont leur pluriel en **-als** :

> le mot final → les combats fin**als**.

— Les adjectifs masculins **beau, hébreu, jumeau, manceau, nouveau, tourangeau** ont leur pluriel terminé par un **-x** :

> un beau jouet → de beau**x** jouets.

PLACE DE L'ADJECTIF QUALIFICATIF ÉPITHÈTE

En principe, l'adjectif épithète (voir p. 55) peut se placer indifféremment avant ou après le nom auquel il se rapporte :

> un magnifique point de vue ; un point de vue magnifique : le sens ne change pas avec la place de «magnifique».

ATTENTION

Certains adjectifs changent de sens selon qu'ils précèdent ou suivent le nom :

> un **brave** homme = un homme généreux et simple ;
> un homme **brave** = un homme courageux.

En fait, la place de l'adjectif épithète obéit à un usage compliqué qui dépend en particulier du rythme de la phrase et du désir d'expressivité.
D'une façon très générale, l'adjectif placé avant le nom présente la qualité comme appartenant en propre au nom et forme avec lui comme un seul mot ; placé après le nom, il indique une qualité qui distingue un être ou une chose de tous les autres désignés par le même nom :

> la **petite** maison ; l'armée **américaine**.

● On place souvent avant le nom :

— un adjectif d'une syllabe qualifiant un nom de plusieurs syllabes : *un **long** trajet* ;
— un adjectif qui exprime une nuance affective : *le **malheureux** enfant.*

● On place ordinairement après le nom :

— un adjectif de plusieurs syllabes qualifiant un nom d'une syllabe : *un choix* **difficile** ;
— les adjectifs qui expriment la forme, la couleur ou l'appartenance à une catégorie : *un saladier **rond** ; une robe **rouge** ; un fonctionnaire **civil*** ;
— les participes passés employés comme adjectifs : *des enfants **gâtés*** ;
— les adjectifs suivis d'un complément : *un travail **long** à exécuter.*

L'ACCORD DE L'ADJECTIF QUALIFICATIF

L'adjectif qualificatif, épithète, attribut ou apposition (voir p. 55), s'accorde en genre et en nombre avec le nom ou les noms auxquels il se rapporte. Si l'adjectif qualificatif, épithète, attribut ou apposition, se rapporte à un seul nom, il s'accorde en genre et en nombre avec ce nom : *un grand jardin ; une grande ferme ; de grands vases ; de grandes fleurs* (adjectifs épithètes) ; *cette ferme est grande ; ces vases sont grands* (adjectifs attributs).

ACCORD DE L'ADJECTIF AVEC PLUSIEURS NOMS

● Si l'adjectif qualificatif, épithète, attribut ou apposition, se rapporte à deux ou plusieurs noms, il s'accorde en genre et en nombre avec l'ensemble de ces noms :

*Pierre et Jean sont gentil**s** ;*
*L'Amérique et l'Asie sont à peu près égal**es** en superficie ;*

Quand les noms sont de genre différent, l'adjectif se met au masculin pluriel :

*À l'équinoxe, **le** jour et **la** nuit sont **égaux**.*

● Si l'adjectif qualificatif, épithète, attribut ou apposition, se rapporte à deux noms singuliers coordonnés par la conjonction **ou**, il s'accorde tantôt avec le nom le plus rapproché, tantôt avec les deux :

*une indifférence ou un parti pris révolt**ant*** (accord avec «parti pris») ;
*une paresse ou une négligence scandal**euses*** (accord avec les deux noms).

● Si deux ou plusieurs adjectifs épithètes se rapportent à un même nom singulier, exprimé une seule fois au pluriel, ces adjectifs restent au singulier :

*les langues anglais**e** et allemand**e** ; les Codes civi**l** et pén**al**.*

ACCORD DE L'ADJECTIF
AVEC UN NOM SUIVI D'UN COMPLÉMENT

● Si l'adjectif épithète se rapporte à un nom suivi de son complément, il s'accorde en genre et en nombre avec le premier ou le second, pourvu qu'il convienne par le sens à l'un comme à l'autre :

*un manteau de laine **bleu*** ou *un manteau de laine bleu**e*** : «bleu» se rapporte par le sens à «manteau» aussi bien qu'à «laine».

Dans le cas contraire, il ne s'accorde qu'avec le nom auquel il se rapporte par le sens :

> *un manteau de laine déchiré :* «déchiré» ne se rapporte par le sens qu'à «manteau».

● Si l'adjectif épithète ou attribut se rapporte à l'expression **une espèce de** ou **une sorte de**, il s'accorde avec le complément qui suit :

> *Une sorte de fou entra, fur***ieux**, *faisant de grands gestes ;*
> *Je vis une espèce de mendiant ass***is** *sur le seuil.*

ACCORD DES ADJECTIFS COMPOSÉS

● Si les adjectifs composés sont formés de deux adjectifs, tous deux s'accordent en genre et en nombre avec le nom auquel ils se rapportent :

> *un enfant sourd-muet* (= sourd et muet) → *des enfants sourd***s**-*muet***s**.

● Si les adjectifs composés sont formés d'un adjectif et d'un adverbe (ou d'une préposition), l'adjectif s'accorde mais l'adverbe ou la préposition restent invariables :

> *un enfant nouveau-né* (= nouvellement
> né) → *des enfants nouveau-né***s** ;
> *l'avant-dernière page* → *les avant-derni***ères** *pages ;*
> *des pois extra-fin***s** ; *des mots sous-entend***us**.

REMARQUE **Nouveau** s'accorde quand le participe passé est substantivé : *les nouveau***x** *mariés, les nouv***elles** *venues.*

● Si les adjectifs composés sont formés d'un adjectif et d'un élément abrégé terminé en **-i** ou **-o**, l'adjectif seul s'accorde :

> *une aventure tragi-comique* → *des aventures tragi-comique***s** ;
> *une monnaie gallo-romaine* → *des monnaies gallo-romain***es**.

ACCORD DES ADJECTIFS DE COULEUR

Les adjectifs de couleur s'accordent en genre et en nombre avec le nom auquel ils se rapportent :

> *le tableau noir ; les chaussures noir***es**.

ADJECTIFS DE COULEUR INVARIABLES

● Les adjectifs de couleur composés, c'est-à-dire formés de deux adjectifs ou d'un adjectif et d'un nom, restent invariables :

> *une cravate* **bleu foncé** ; *des gants* **bleu roi**.

● Les noms employés comme adjectifs de couleur restent invariables :

> *un ruban orange* (de la couleur de l'orange) → *des rubans* **orange** ;
> *une robe marron* (de la couleur du marron) → *des robes* **marron**.

EXCEPTIONS

Écarlate, fauve, incarnat, mauve, pourpre et **rose**, indiquant une couleur, ne sont plus perçus comme des noms et s'accordent :

> *un tissu mauve* → *des tissus mauv***es** ; *une soie rose* → *des soies ros***es**.

Particularités de forme et d'accord

● Les adjectifs **fou**, **vieux**, **nouveau**, **beau**, **mou** font au masculin singulier, devant une voyelle ou un **h-** muet, *fol, vieil, nouvel, bel, mol* :

> un **mol** oreiller ; un **bel** homme ; un **bel** enfant.

● Certains adjectifs n'ont que le masculin : *nez* **aquilin**, *pied* **bot**, *vinaigre* **rosat**. Certains adjectifs n'ont que le féminin : *bouche* **bée**.

● L'adjectif **grand** reste invariable dans les noms composés féminins : **grand**-route ; **grand**-mère ; à **grand**-peine.
Toutefois, on écrit aussi *des grand**s**-mères*.

● L'adjectif **fort** reste invariable dans l'expression «se faire fort» : *Elle se fit **fort** de lui faire reconnaître son erreur.*

● L'adjectif **feu** (= récemment décédé) est invariable quand il est placé avant le déterminant :

> *fe**u** la reine* mais *la fe**ue** reine.*

● Les adjectifs **excepté**, **passé**, **supposé**, **compris**, **ôté**, **étant donné**, **ci-joint**, **ci-inclus**, **attendu**, **vu**, **approuvé**, **nu**, **demi** restent invariables quand ils sont placés devant le nom ; ils s'accordent quand ils sont placés après :

> *Pass**é** huit heures* mais *huit heures pass**ées** ;*
> *Une dem**i**-heure* mais *une heure et dem**ie** ;*
> *Ci-join**t** deux timbres* mais *les deux timbres ci-join**ts** ;*
> *N**u**-tête* mais *tête nu**e**.*

● L'adjectif qui suit la locution verbale **avoir l'air** peut s'accorder avec le mot «air» ou, mieux, avec le sujet de la locution verbale :

> *Elle a l'air **doux*** ou *Elle a l'air dou**ce**.*

● Les adjectifs employés comme adverbes ou prépositions restent invariables :

> *Ces roses sentent **bon**. La pluie tombe **dru**.*
> ***Haut** les mains. Des fleurs **plein** les vases.*

EXCEPTIONS
*des fleurs fraî**ches** écloses ; des yeux grand**s** ouverts ; une porte grand**e** ouverte.*

LES DEGRÉS DE SIGNIFICATION DE L'ADJECTIF

L'adjectif qualificatif peut exprimer simplement une qualité d'un être ou d'une chose. On dit alors qu'il est au positif : *Cette porte est étroite. Le courant est rapide.*
Dans certains emplois, il permet d'établir des degrés ou bien des comparaisons entre des êtres ou des choses : c'est ce qu'on appelle les «degrés de signification».

LE COMPARATIF

Si l'être ou la chose possède une qualité (= une manière d'être) à un certain degré, inférieur, égal ou supérieur par rapport aux autres de la même espèce, on emploie le comparatif :

— le comparatif de supériorité, formé avec l'adverbe **plus** :

> *Pierre est **plus** prudent que Paule ;*

— le comparatif d'égalité, formé avec l'adverbe **aussi** (ou **si** dans une proposition négative) :

> *Pierre est **aussi** aimable que Paule ; Pierre n'est pas **si** habile que Paule ;*

— le comparatif d'infériorité, formé avec l'adverbe **moins** :

> *Pierre est **moins** vif que Paule.*

LE SUPERLATIF RELATIF

Si l'être ou la chose possède une qualité (= une manière d'être) à un degré plus ou moins élevé que tous les autres du même genre, on emploie le superlatif relatif :

— le superlatif relatif de supériorité, formé avec l'adverbe **le plus, le mieux** :

> *Paule est **la plus** sage des élèves. Jean est **le mieux** logé de nous tous ;*

— le superlatif relatif d'infériorité, formé avec l'adverbe **le moins** :

> *Paule est **la moins** sage des élèves.*

LE SUPERLATIF ABSOLU

Si l'on veut exprimer que l'être ou la chose possède une qualité (= une manière d'être) à un degré très élevé, on emploie le superlatif absolu :

— un superlatif absolu formé avec un adverbe comme **très, fort, bien**, etc. :

> *Marie est **très** sage ; Jacques est **fort** désagréable ;*

— un superlatif absolu formé avec un préfixe : **archi-**, **sur-**, **extra-**, **ultra-**, **super-**, **hyper-** :

> *une salle* **archicomble** *; une réputation* **surfaite** *;*
> *des petits pois* **extra fins** *;*

— un superlatif absolu formé avec le suffixe **-issime** :

> *un timbre* **rarissime** *; un homme* **richissime**.

COMPARATIFS ET SUPERLATIFS IRRÉGULIERS

Certains comparatifs et superlatifs ont une formation irrégulière.

positif	comparatif	superlatif relatif
bon	meilleur	le meilleur
petit	moindre, plus petit	le moindre, le plus petit
mauvais	pire, plus mauvais	le pire, le plus mauvais

REMARQUE Le français utilise des formes issues de mots latins qui étaient des comparatifs et qui ont le sens d'un adjectif ordinaire ou celui d'un superlatif. C'est le cas de **supérieur**, **inférieur**, **intérieur**, **extérieur**, **ultérieur**, **antérieur**, **postérieur** :

> *une situation* **inférieure** *; du chocolat* **supérieur**.

EMPLOI DE L'ARTICLE DEVANT LE SUPERLATIF RELATIF

● L'article n'est pas exprimé devant le superlatif relatif quand celui-ci est précédé d'un adjectif possessif ou de la préposition **de** :

> *C'est* **mon plus beau** *costume.*   *Ce qu'il y a* **de plus étonnant**.

● Quand plusieurs superlatifs se rapportent à un même nom, on répète l'article devant chacun d'eux :

> *La nouvelle* **la** *plus étonnante,* **la** *plus incroyable qu'on ait apprise.*

● Dans les expressions **le plus**, **le moins**, **le mieux** (superlatifs d'adverbes), l'article peut rester invariable devant un adjectif au féminin ou au pluriel si l'on compare entre eux les différents degrés d'une même qualité chez un ou plusieurs êtres :

> *C'est le matin que la rose est* **le** *plus* **belle** *;*
> *C'est en été que les orages sont* **le** *plus fréquent***s**.

Mais, si l'on compare un ou plusieurs êtres (ou choses) à tous ceux qui ont la même qualité, l'article est variable :

> *La rose est* **la** *plus belle des fleurs ;*
> *Les questions qui paraissent* **les** *plus simples.*

● Si l'adjectif est employé comme adverbe, l'article reste invariable :

> *Ce sont ces fleurs qui coûtent* **le** *plus cher.*

LES FONCTIONS DE L'ADJECTIF QUALIFICATIF

Quand il n'est pas employé comme adverbe (voir précédemment) ou comme nom (par exemple : *le bleu du ciel*), l'adjectif qualificatif peut avoir trois fonctions.

Il peut être épithète ou apposition dans le groupe du nom, ou attribut dans le groupe du verbe. Il peut aussi avoir un complément.

ADJECTIF ÉPITHÈTE

L'adjectif qualificatif est épithète quand, placé à côté d'un nom dont il indique une qualité, il forme un tout avec lui :

> une **jeune** *informaticienne* : «jeune» est épithète de «informaticienne».

L'adjectif épithète peut être introduit, après certains pronoms indéfinis, par la préposition **de** :

> *Il avait sur son visage quelque chose **de grave*** : «grave», épithète de «quelque chose».

ADJECTIF APPOSITION

L'adjectif qualificatif est apposition quand, placé auprès d'un nom ou d'un pronom dont il indique une qualité, il en est séparé par une pause à l'oral ou par une virgule à l'écrit :

> **Jeune**, *elle marchait d'un pas vif* : «jeune», apposition du sujet «elle» ;
> *Je vis certains,* **inquiets,** *qui s'agitaient* : «inquiets», apposition du C.O.D. «certains»

ADJECTIF ATTRIBUT

L'ATTRIBUT DU SUJET

L'adjectif qualificatif est attribut du sujet quand, relié au nom ou au pronom par un verbe, il exprime une qualité reconnue ou attribuée au sujet et qu'il ne fait donc pas corps avec ce sujet. On le rencontre avec :

— les verbes d'état : *Perrette **était jeune*** («jeune» : attribut du sujet «Perrette») ; *Petit poisson **deviendra grand*** («grand» : attribut du sujet «poisson») ;

— certains verbes à la voix passive : *Il **fut rendu prudent** par son accident* («prudent» : attribut du sujet «il») ;

— certains verbes intransitifs : *Nous **vivions tranquilles*** («tranquilles» : attribut du sujet «nous»).

▉ L'ATTRIBUT DU COMPLÉMENT D'OBJET

L'adjectif qualificatif est attribut du complément d'objet quand il représente une qualité que le sujet reconnaît ou attribue au complément d'objet.
On le trouve avec les verbes **faire**, **rendre**, **juger**, **choisir**, **estimer**, **déclarer**, etc. :

> *Je le **crois sincère** :* «sincère», attribut du C.O.D. «le» ;
> *Il **estime** cet enfant **capable** :* «capable», attribut du C.O.D. «enfant».

ATTENTION
L'adjectif attribut du sujet ou de l'objet peut être introduit par les prépositions **en**, **pour**, **à**, **de**, et par la conjonction **comme** :

> *Pierre agit **en ingrat** :* «ingrat», attribut du sujet «Pierre» ;
> *Je le considère **comme fou** :* «fou», attribut du C.O.D. «le».

LE COMPLÉMENT DE L'ADJECTIF

▉ LE COMPLÉMENT DE DÉTERMINATION

Un nom est complément de détermination d'un adjectif quand, placé auprès de cet adjectif, il en précise le sens :

> *ce bol **plein de lait** :* «lait» est complément de l'adjectif «plein».

Il peut être introduit par les prépositions **de**, **à**, **envers**, **en**, etc. :

> *L'alcool est nuisible **à la santé** :* «alcool», compl. de l'adj. «nuisible» ;
> *Ne soyons pas indulgents **envers nous-mêmes** :* «nous-mêmes», compl. de l'adj. «indulgents» ;
> *Elle est loyale **envers ses amis** :* «amis», compl. de l'adj. «loyale» ;
> *Elle est forte **en mathématiques** :* «mathématiques», compl. de l'adj. «forte».

Un même mot peut être complément de plusieurs adjectifs coordonnés ou juxta-posés, à condition que ces divers adjectifs admettent tous la même construction :

> *Il est **heureux** et **fier de son succès**.*

Mais on dira :

> *Il est très **sensible à vos compliments** et il **en est fier**.*

▉ LES COMPLÉMENTS DU COMPARATIF ET DU SUPERLATIF

L'adjectif au comparatif et au superlatif relatif est ordinairement suivi d'un complément :

> *On a souvent besoin d'un **plus petit** que **soi*** (La Fontaine) : «soi» est complément du comparatif «plus petit» ;
> *L'absence est **le plus grand** des **maux*** (La Fontaine) : «maux» est complément du superlatif «le plus grand».

LES DÉTERMINANTS DU NOM ET LES PRONOMS

Le déterminant est un des éléments du groupe du nom. Il peut appartenir à différentes classes grammaticales, mais il accompagne presque toujours le nom. Les pronoms, eux, sont ordinairement employés pour remplacer un groupe du nom ou pour désigner les personnes qui participent à la communication. Il existe des rapports entre les déterminants et certains pronoms.

LES DÉTERMINANTS DU NOM

En règle générale, un nom s'emploie précédé d'un petit mot comme **le**, **un**, **ce**, etc., qu'on appelle un «déterminant». Son rôle est de définir et de préciser le nom. On distingue six classes de déterminants :

— les articles : *le, un, du*, etc. ;
— les démonstratifs : *ce, cette*, etc. ;
— les possessifs : *mon, ton, son*, etc. ;
— l'interrogatif et exclamatif : *quel* ;
— les numéraux : *deux, trois, quatre*, etc. ;
— les indéfinis : *quelques, chaque, plusieurs*, etc.

ABSENCE DU DÉTERMINANT

Dans quelques cas, le déterminant n'est pas exprimé :

— avec certains noms propres : *Marie, Paul, Marseille* ;

— dans diverses locutions : *faire **attention**, prendre **racine*** ;

— avec des appositions ou des noms attributs : *Louis XIV, **roi** de France. Son frère est **médecin*** ;

— avec des noms compléments précédés d'une préposition : *un collier de **perles** ; arriver en **voiture*** ;

— dans des proverbes, des phrases sentencieuses : ***Comparaison** n'est pas **raison***.

LES PRONOMS

Les pronoms jouent le rôle des groupes du nom, auxquels ils se substituent pour les rappeler, les préciser, les anticiper, etc. Ils ont toutes les fonctions syntaxiques du nom. On distingue les pronoms :

— personnels : *il, elle, eux, se, le, la, lui*, etc. ;
— possessifs : *le mien, le tien, le sien*, etc. ;

— démonstratifs : *ce, ceci, cela, ceux-ci*, etc. ;
— relatifs : *qui, que, lequel*, etc. ;
— interrogatifs et exclamatifs : *qui, quoi*, etc. ;
— indéfinis : *aucun, nul, chacun*, etc.

RESSEMBLANCES ENTRE DÉTERMINANTS ET PRONOMS

Les pronoms présentent des analogies avec les déterminants :

— pronoms et adjectifs indéfinis ont des formes semblables :

   aucun, nul, quelque, certain, etc. ;

— pronoms et adjectifs possessifs, pronoms et adjectifs démonstratifs sont étroitement liés par leur forme :

   notre (adjectif = déterminant)/ *le nôtre* (pronom) ; *mien* (adjectif = déterminant)/ *le mien* (pronom) ;

   ce peut être déterminant ou pronom ;

— pronoms personnels et articles ont parfois des formes identiques :

   le, la, les.

Ces similitudes soulignent le rapport étroit qui existe entre le groupe du nom, comportant un déterminant, et le pronom, substitut du groupe du nom.

L'ARTICLE

L'article est le plus courant des déterminants. C'est un petit mot variable qui accompagne le nom, en indique le genre et le nombre, et lui donne une détermination plus ou moins précise. On distingue : l'article défini, l'article indéfini et l'article partitif.

LES FORMES DE L'ARTICLE

L'article peut avoir trois formes : normale, élidée ou contractée.

Les formes élidées s'emploient devant les mots singuliers commençant par une voyelle ou un **h-** muet. Les formes contractées sont le résultat de la contraction des prépositions **de** et **à** et de l'article défini **le** ou **les**.

article	singulier		pluriel	
	masculin	féminin	masculin	féminin
défini normal	*le* monde	*la* terre	*les* astres	*les* planètes
défini élidé	*l'*univers ; *l'h*orizon	*l'*aurore ; *l'h*abileté		
défini contracté	*au* monde (à + le) *du* monde (de + le)	à *la* terre de *la* terre	*aux* hommes (à + les) *des* cieux (de + les)	*aux* femmes (à + les) *des* femmes (de + les)
indéfini	*un* monde	*une* terre	*des* mondes	*des* terres
partitif	boire *du* thé	boire *de la* tisane	manger *des* épinards	manger *des* confitures

Lorsque deux ou plusieurs noms sont coordonnés, l'article est répété devant chaque nom :

> On apercevait *les* toits et *les* cheminées des premières maisons.

EXCEPTIONS

L'article n'est pas répété

— dans quelques expressions toutes faites : *les* us et coutumes ; *les* pertes et profits ;

— lorsque les deux noms sont coordonnés par **ou** explicatif : *les* Trifluviens, **ou** habitants de Trois-Rivières.

L'ARTICLE DÉFINI ET SES EMPLOIS

• L'article défini détermine de façon précise le nom qu'il introduit :

> Répétez *la* phrase que vous venez de lire («la» précise le nom «phrase» en indiquant qu'il s'agit de celle que vous venez de lire).

Il peut avoir aussi le sens :
— d'un adjectif démonstratif : *J'arrive à l'instant* (= à cet instant) ;
— d'un adjectif possessif : *J'ai mal à la tête* (= à ma tête) ;
— d'un adjectif indéfini : *Tissu à vingt francs le mètre* (= chaque mètre).

● L'article défini n'est pas exprimé devant les noms propres de personne ou de ville, sauf si ces noms incluent l'article (*La Rochelle*), mais il l'est devant les noms de peuples, de pays et de fleuves :

Duval, Québec, Genève mais *les Américains, le Mexique, la Seine.*

Toutefois, on emploie l'article devant les noms désignant :

— les familles :	*les Valois ; les Bourbons ;*
— les œuvres d'un artiste :	*les Manets ; les Renoirs ;*
— les noms de personne accompagnés d'un adjectif :	*l'odieux Tartuffe ; le pauvre Pierre ;*
— les personnes méprisées :	*la Du Barry ; la Brinvilliers ;*
— les personnes admirées :	*les Corneille ; les Sévigné ;*
— les artistes (autrefois) :	*la Champmeslé ; la Callas.*

● L'article défini, comme les autres déterminants, peut être omis s'il s'agit de :

— noms en apposition :	*Ottawa, capitale du Canada ;*
— compléments de matière :	*une statue de marbre ;*
— locutions verbales :	*Il prit soin de lui ;*
— locutions toutes faites :	*Elle est nu-pieds ; à vol d'oiseau ;*
— proverbes :	*À bon chat, bon rat ;*
— adresses :	*Elle habite rue Victor-Hugo ;*
— titres d'ouvrages :	*Histoire de France ;*
— énumérations :	*Femmes, moine, vieillards, tout était descendu* (La Fontaine).

ATTENTION
Les noms de pays féminins ne sont pas accompagnés de l'article quand ils sont précédés des prépositions **à**, **de**, **en** :

Elle habite à Chypre. Elle revient de Tunisie. Elles vont en Chine.

L'ARTICLE INDÉFINI ET SES EMPLOIS

● L'article indéfini introduit un nom en le présentant comme distinct des autres de la même espèce, mais sans apporter plus de précision.
Au pluriel, il marque aussi un nombre indéterminé :

Un homme est là qui vous attend. Il y a des cerises cette année.

L'article indéfini peut avoir aussi la valeur :

— de l'adjectif indéfini **quelque** :	*On le crut pendant un temps ;*
— de mépris, de respect :	*Les critiques d'un Durand ne me troublent pas ; Écoutez la prière d'une mère.*

● L'article indéfini est omis devant :

— un nom attribut (parfois) :	*Elle devint ingénieur ;*
— un nom construit avec une préposition (parfois) :	*Elle est partie en voiture ; par endroits ;*

— les phrases impersonnelles :   *C'est dommage ;*
— dans des locutions verbales :   *faire grâce ; avoir recours.*

● Souvent, l'article n'est pas exprimé après les prépositions **avec** ou **sans**, en particulier quand il s'agit de noms abstraits :

*Il travaille **avec** peine.   Elles trouvèrent **sans** difficulté.*

L'ARTICLE PARTITIF ET SES EMPLOIS

● L'article partitif est employé devant les noms de choses pour indiquer une quantité indéterminée :

*Il boit **du** jus de fruit.   Il vend **de la** soie.   Elle mange **des** confitures.*

ATTENTION
Le sens partitif est rare dans **des**, qui est généralement un indéfini (pluriel de **un**).

● La préposition **de** est employée seule, au lieu de l'article partitif ou indéfini :

— après un adverbe de quantité (trop, peu, beaucoup, etc.) :	*J'ai **peu de** temps devant moi ;* *J'ai **trop de** travail ;*
sauf dans l'expression **bien des**... :	***Bien des** gens disent...* («des» est ici article partitif) ;
— après un verbe de forme négative :	*Elle ne boit pas **de** lait ;*
— devant un nom pluriel précédé d'un adjectif :	*Elle nous a servi **de beaux** fruits.*

LES ADJECTIFS NUMÉRAUX

Les adjectifs numéraux désignent le nombre ou le rang précis des êtres ou des choses qu'ils déterminent ou qu'ils qualifient. Les adjectifs numéraux cardinaux indiquent un nombre précis (*une ville de trois cent mille habitants*). Les adjectifs numéraux ordinaux indiquent un rang précis dans un ensemble ordonné (*Elle habite au troisième étage*).

LES FORMES DES ADJECTIFS NUMÉRAUX

LES CARDINAUX

Les adjectifs numéraux cardinaux peuvent être :

— des mots simples : *un, deux, trois, quatre, cinq, quatorze, quinze, trente, cent, mille*, etc. ;

— des mots composés, soit par addition : *dix-huit ; vingt et un* ; soit par multiplication : *quatre-vingts ; deux cents*.

L'usage veut que l'on mette un trait d'union dans tous les noms de nombres composés inférieurs à **cent** qui ne sont pas liés par la conjonction **et** :

Vingt-deux mais *vingt et un, trois cents*.

LES ORDINAUX

Les adjectifs numéraux ordinaux sont :

— des mots formés avec le suffixe **-ième** à partir des cardinaux simples ou composés : *troisième, millième ; vingt et unième, trente-deuxième, trois centième* (le suffixe **-ième** ne s'ajoute qu'au dernier des adjectifs composants) ;

— des mots particuliers : *premier, second*.

ATTENTION
Les adjectifs numéraux ordinaux jouent le rôle d'adjectifs qualificatifs ; ce ne sont pas des déterminants ; ils sont donc généralement employés avec un article, un démonstratif, un possessif, etc. :

*C'est la **première** fois que je la vois ; Donne-lui une **deuxième** chance*.

L'ACCORD DES ADJECTIFS NUMÉRAUX

LES CARDINAUX

Les adjectifs numéraux cardinaux sont invariables :

trente-quatre lignes ; page **cent huit** ; **deux mille** soldats.

EXCEPTIONS
— **Un** fait **une** au féminin : *vingt et **une** pages*.

— **Vingt** et **cent** prennent la marque du pluriel quand, multipliés par un autre adjectif numéral, ils forment le deuxième terme d'un adjectif numéral composé :

> *deux cent**s**, quatre-vingt**s*** ;

mais il est d'usage de ne pas mettre de **-s** s'ils sont suivis d'un autre adjectif numéral : *deux cen**t un**, quatre-vingt**-deux**.

LES ORDINAUX

Les adjectifs numéraux ordinaux varient en genre et en nombre avec le nom auquel ils se rapportent : *les première**s** pages d'un livre*.

EMPLOIS PARTICULIERS

● L'adjectif numéral cardinal s'emploie souvent avec le sens ordinal (dans ce cas, il reste toujours invariable), pour indiquer :

— le jour, l'heure, l'année :

> le **quinze** janvier **mille neuf cent deux** à **huit** heures (les millésimes sont parfois écrits **mil** : *mil neuf cent*) ;

— le rang d'un souverain, d'un prince :

> *Charles **huit*** (on écrit généralement Charles VIII, en chiffres romains), mais on dit : *François **premier*** ;

— le numéro d'une maison, d'une page :

> *au **trente**, rue Mozart ; page **quatre-vingt***.

● L'adjectif numéral cardinal ou ordinal peut indiquer une grandeur imprécise :

> *Attendez deux minutes. C'est la centième fois que je te le dis !*

LES NOMS DE NOMBRE

Les noms de nombre sont :

— des adjectifs numéraux employés comme noms :

> *Deux et deux font quatre. Je ne répéterai pas le centième de ce qu'il m'a dit ;*

— des noms multiplicatifs employés comme adjectifs qualificatifs :

> *le simple, le double, le triple ; un triple saut, une double page ;*

— des noms formés avec le suffixe **-aine** indiquant une quantité plus ou moins précise :

> *une **vingtaine** de badauds ; une **douzaine** d'œufs ;*

— des noms formés avec le suffixe **-ain** indiquant la quantité de vers dans une strophe :

> *Un sonnet comprend deux **quatrains** et deux tercets ;*

— des noms indiquant une fraction :

> *Payez le **tiers** de vos impôts.*

LES ADJECTIFS ET PRONOMS POSSESSIFS

Les adjectifs possessifs indiquent qu'un être ou une chose appartiennent à un être ou à une chose, ou sont en rapport avec cet être ou cette chose. Leur fonction est donc de se rapporter à l'être ou à l'objet «possédé», avec lequel ils s'accordent : *Il a vendu sa maison* (= la maison qui lui appartenait, «sa» est féminin, comme «maison»).

Les pronoms possessifs représentent un nom, mais ajoutent une idée de possession, de référence à un être ou à une chose : *Mon devoir d'algèbre est plus difficile que le tien* («le tien» = ton devoir).

LES FORMES DE L'ADJECTIF POSSESSIF

Les formes de l'adjectif possessif varient avec le genre et le nombre de l'objet ou de l'être «possédé» et avec la personne du «possesseur» :

*J'apporte **mon** livre (1re pers.).*
***Elles** apportent **leurs** livres (3e pers.).*

personne et genre	un possesseur		plusieurs possesseurs	
	un objet ou être	plusieurs objets ou êtres	un objet ou être	plusieurs objets ou êtres
1re pers. *masc.*	**mon** livre	**mes** livres	**notre** livre	**nos** livres
fém.	**ma** chienne	**mes** chiennes	**notre** chienne	**nos** chiennes
2e pers. *masc.*	**ton** livre	**tes** livres	**votre** livre	**vos** livres
fém.	**ta** chienne	**tes** chiennes	**votre** chienne	**vos** chiennes
3e pers. *masc.*	**son** livre	**ses** livres	**leur** livre	**leurs** livres
fém.	**sa** chienne	**ses** chiennes	**leur** chienne	**leurs** chiennes

ATTENTION

Devant les noms féminins commençant par une voyelle ou un **h-** muet, on emploie les adjectifs **mon**, **ton**, **son**, au lieu de «ma», «ta», «sa» :

***Sa** grande fille me renseigna* → ***Son** aimable fille me renseigna.*

REMARQUE Les formes **mien**, **tien**, **sien**, **nôtre**, **vôtre**, **leur** s'emploient parfois comme épithètes, ou comme attributs d'un sujet ou d'un complément d'objet :

*Un **mien** cousin est venu me voir ;*
*Cette opinion est **mienne** ;*
*Ils ont déclaré faire **leurs** ces revendications.*

LES SENS DE L'ADJECTIF POSSESSIF

L'adjectif possessif peut signifier :

— la possession : **Mes** *cahiers sont sur mon bureau ;*
— l'origine : **Mon** *pays est là-bas près de la mer ;*
— le sujet de l'action : **Sa** *faute est de ne pas avouer ;*
— l'objet de l'action : *À* **ma** *vue elle se tait* (en me voyant) *;*
— la répétition, l'habitude : *Elle a raté* **son** *train. Prenez-vous* **votre** *café ?*
— l'affection, l'intérêt : **Notre** *Jean-Claude est tout heureux ;*
— le mépris, l'ironie : *Cela sent* **son** *escroc.*

ARTICULARITÉS DE L'ADJECTIF POSSESSIF

● L'adjectif possessif est remplacé par l'article défini quand il s'agit de noms de parties du corps ou de vêtements et que le possesseur est clairement désigné :

Elle a levé **le** *bras. Il a mal à* **la** *tête. Il le saisit par* **la** *ceinture.*

● Quand le possesseur est le pronom indéfini **on**, l'adjectif possessif est **son**, **sa**, **ses**. Lorsque «on» signifie **nous** ou **vous**, l'adjectif possessif est **notre**, **votre**, **nos**, **vos** (style familier) :

On *a le droit d'avoir* **son** *opinion.* **On** *ne voit plus* **nos** *amies.*

● Quand le possesseur est le pronom indéfini **chacun**, l'adjectif possessif est régulièrement **son**, **sa**, **ses**, mais il peut être **leur** ou **leurs** quand **chacun** est précédé d'un nom pluriel :

Chacun tenait **son** *livre. Les élèves ont chacun* **son** *ou* **leur** *crayon.*

● L'adjectif possessif peut être remplacé par le pronom personnel **en** quand le possesseur est un nom de chose et qu'il ne se trouve pas dans la même proposition que l'objet possédé :

La **maison** *était fermée, mais j'***en** *avais les clefs* (les clefs de la maison).

LES FORMES ET LES FONCTIONS DES PRONOMS POSSESSIFS

● Les pronoms possessifs sont formés à l'aide de l'article défini et d'un adjectif possessif. Ils varient en genre, en nombre et en personne.

personne et genre	un possesseur		plusieurs possesseurs	
	un objet ou être	plusieurs objets ou êtres	un objet ou être	plusieurs objets ou êtres
1re pers. *masc.*	le mien	les miens	le nôtre	les nôtres
fém.	la mienne	les miennes	la nôtre	les nôtres
2e pers. *masc.*	le tien	les tiens	le vôtre	les vôtres
fém.	la tienne	les tiennes	la vôtre	les vôtres
3e pers. *masc.*	le sien	les siens	le leur	les leurs
fém.	la sienne	les siennes	la leur	les leurs

● Comme tout pronom, les pronoms possessifs ont les fonctions du nom :

Je ne trouve pas ta brosse à dents ; je ne vois que ⎢*la mienne*⎢
(= ma brosse à dents).   C.O.D. de «vois»

LES ADJECTIFS ET PRONOMS DÉMONSTRATIFS

Les adjectifs démonstratifs, qui sont des déterminants, servent à montrer, à désigner les êtres ou les objets : *Cette pendule retarde.* Les pronoms démonstratifs	représentent un groupe du nom. Ils le reprennent en le désignant précisément : *Je voudrais changer d'appartement car celui-ci est trop petit.*

LES FORMES DES ADJECTIFS DÉMONSTRATIFS

Les adjectifs démonstratifs s'accordent en genre et en nombre avec le nom auquel ils se rapportent et qu'ils déterminent : *La foudre a frappé ce grand chêne.*
Ils sont de forme simple ou de forme renforcée.

● Les formes simples sont :

nombre	masculin	féminin
singulier forme simple	*ce* mur; *ce* hérisson (devant consonne et **h**- aspiré) *cet* arbre; *cet* homme (devant voyelle et **h**- muet)	*cette* ardeur; *cette* histoire; *cette* honte
pluriel forme simple	*ces* murs; *ces* héros	*ces* tables; *ces* huîtres

● Les formes renforcées sont construites avec les adverbes de lieu **ci** et **là** placés après le nom auquel ils sont liés par un trait d'union.

Ci marque la proximité : *cette voiture-ci ; ce lieu-ci ; cet arbre-ci.*

Là marque parfois l'éloignement. Il s'emploie souvent comme simple particule de renforcement du démonstratif, sans valeur particulière : *cet arbre-là ; ce livre-là.*

REMARQUE Employés ensemble, ils peuvent indiquer la distinction entre deux objets : *Je prendrai ce bracelet-ci et cette montre-là.*

LES EMPLOIS PARTICULIERS
DES ADJECTIFS DÉMONSTRATIFS

Les adjectifs démonstratifs indiquent aussi :

— l'être ou la chose dont on va parler ou dont on vient de parler :

> *Il n'avait guère le temps, disait-il. **Cette** réponse ne satisfit personne ;*

— le temps où l'on vit ou les circonstances présentes :

> ***Cette** année, l'hiver a été rude. J'ai été malade **ce** mois-**ci** ;*

— le mépris (emploi péjoratif) : *Que me veut **cet** individu ?*

— l'admiration (emploi laudatif) :

    *Mon père, **ce** héros au sourire si doux...* (Victor Hugo) ;

— l'étonnement ou l'indignation :

    *Tu me demandes si j'accepte ? **Cette** question !*

LES FORMES DES PRONOMS DÉMONSTRATIFS

Les pronoms démonstratifs sont de forme simple ou renforcée par les adverbes **-ci** et **-là**, comme les adjectifs démonstratifs.

La forme élidée **c'** s'emploie surtout devant les formes du verbe «être» commençant par une voyelle.

nombre	masculin	féminin	neutre
singulier simple singulier renforcé	celui celui-ci ; celui-là	celle celle-ci ; celle-là	ce/c' ceci ; cela ; ça
pluriel simple pluriel renforcé	ceux ceux-ci ; ceux-là	celles celles-ci ; celles-là	

REMARQUES

1. Comme pour les adjectifs, les formes renforcées servent à indiquer la proximité (**ci**) ou l'éloignement (**là**), ou à distinguer deux objets ou deux personnes : *Choisissez une cravate : **celle-ci** est fort jolie ; **celle-là** est plus simple.*

2. Les pronoms démonstratifs neutres désignent une chose, une idée, une qualité. Ils peuvent représenter une proposition ou un adjectif : *Je partirai la semaine prochaine pour Zurich ; **cela** est décidé depuis longtemps.*

3. La forme **ça** appartient à la langue familière.

LES EMPLOIS PARTICULIERS
DES PRONOMS DÉMONSTRATIFS

● Les formes simples **celui**, **celle**, **ceux** et **celles** ne s'emploient pas seules ; elles doivent être accompagnées d'un nom complément ou d'un pronom relatif :

    *Il a dépensé toutes ses économies et **celles de son ami**.*
    *Elle a remercié **ceux qui** lui avaient rendu service.*

● Les formes renforcées et le pronom neutre **ce** peuvent s'employer seuls, sans complément ou relatif :

    *Prenez donc **celui-ci** ! **Ce** serait un scandale. Sur **ce**, je vous quitte.*

LE PRONOM NEUTRE «CE»

● Le pronom neutre **ce** s'emploie comme sujet du verbe «être» ou comme antécédent du relatif :

    *Il pleut, **c'**est bon pour les plantes.*   *C'est **ce** que je voulais vous dire.*

ATTENTION

Il ne faut pas confondre **ce** antécédent du relatif avec **ce que** introduisant une interrogative indirecte :

> *Dis-moi **ce que** tu veux.* (= Que veux-tu ? Dis-le moi.)

● Le pronom neutre **ce** forme avec le verbe «être» une locution démonstrative dans laquelle le verbe peut s'accorder en nombre avec le sujet réel («ce» étant sujet apparent) :

> ***Ce sont*** ou ***c'est*** *des faux billets.*   ***Ce sont*** *eux* ou ***c'est*** *eux.*

L'accord au pluriel est plus fréquent dans la langue écrite ou dans la langue parlée surveillée que dans la langue familière.

ATTENTION

Il faut distinguer **ce** sujet apparent de **ce** sujet réel :

> $\boxed{C'}$*est bien la* $\boxed{route}$.

sujet	attribut
réel	du sujet «c'»

> ***C'est*** *un plaisir de l'**entendre*** : «c'», sujet apparent ; «entendre», sujet réel (= l'entendre est un plaisir).

● La locution **c'est** suivie d'une des formes du pronom relatif ou de la conjonction **que** sert à former les gallicismes **c'est... qui, c'est... que,** qui permettent de mettre en relief en tête de phrase un mot ou un groupe de mots :

> ***C'est*** *Jeanne **qui** a gagné ;* ***C'est*** *(ou ce sont) elles **qui** se trompent ;*
> ***C'est*** *sérieusement **que** je vous le propose ;*
> ***C'est*** *parce que j'étais dans mon tort **que** je n'ai rien répondu.*

LES FONCTIONS DU PRONOM DÉMONSTRATIF

Comme tout pronom, le pronom démonstratif a toutes les fonctions du nom :

— sujet : ***Celui** qui donnera un renseignement sur le disparu sera récompensé* («celui» : sujet de «sera récompensé») ;

— attribut : *Ses sentiments n'étaient pas **ceux** d'un ingrat* («ceux» : attribut du sujet «sentiments») ;

— complément d'objet direct : *Elle regarda longuement **celui** qui s'avançait* («celui» : complément d'objet direct de «regarda») ;

— complément d'objet indirect et complément d'attribution : *Je laisse ce soin à **celles** qui suivront* («celles» : complément d'attribution de «laisse») ;

— complément circonstanciel et complément d'agent : *J'ai été retenu par **celui** dont je t'avais parlé* («celui» : complément d'agent de «ai été retenu») ;

— complément du nom : *J'ignore la cause de tout **ceci*** («ceci» : complément du nom «cause») ;

— complément de l'adjectif : *Ce malheur est-il comparable à **celui** qu'a provoqué l'inondation ?* («celui» : complément de l'adjectif «comparable»).

LES PRONOMS PERSONNELS

Le pronom personnel désigne celui, celle, ceux ou celles qui parlent (1re personne : *Je reçois*), à qui l'on parle (2e personne : *Vous recevez*) ; celui, celle, ceux, celles ou ce dont on parle (3e personne : *Elle reçoit, ils reçoivent*).

LE GENRE DES PRONOMS PERSONNELS

Les pronoms personnels peuvent être du masculin ou du féminin, comme les noms qu'ils représentent ; mais seule la 3e personne a des formes différentes au masculin et au féminin :

> *Il* répond (masculin) → *Elle* répond (féminin) ;
> *Je* suis surpris (masculin) → *Je* suis surprise (féminin).

REMARQUES

1. Le pronom de la 3e personne peut remplacer un nom déjà exprimé :

> *Le voyageur ouvrit son portefeuille, il chercha quelques instants et tendit son ticket* («il» représente «le voyageur»).

2. Le pronom de la 3e personne peut être du genre neutre quand il remplace un adjectif ou toute une proposition :

> *Êtes-vous courageux ? Je **le** suis* («le» représente «courageux» : «le» est neutre) ;

> *Il est nécessaire que vous partiez* («il» remplace «que vous partiez» : «il» est neutre).

LES FORMES DU PRONOM PERSONNEL

Les formes du pronom personnel, variables en genre et en nombre, peuvent être inaccentuées (on dit aussi «atones») quand elles représentent simplement la personne et qu'elles font corps avec le verbe :

> *Je ne discuterai pas* («Je» : inaccentué).

Les pronoms personnels sont accentués (ou «toniques») quand ils servent à mettre en évidence la personne :

> *Moi, je ne discuterai pas* («Moi» : accentué).

REMARQUE   Le pronom personnel accentué peut être renforcé par «même» :

> *Toi-même, tu t'y refuserais.*

personne	singulier		pluriel	
	atones ou inaccentués	toniques ou accentués	atones ou inaccentués	toniques ou accentués
1re personne	je, me	moi	nous	nous
2e personne	tu, te	toi	vous	vous
3e personne	il, elle le, la, lui, en, y	lui, elle	ils, elles les, leur, en, y	eux, elles
réfléchi *(voir plus loin)*	se	soi	se	

ATTENTION

Le pronom personnel peut présenter des formes élidées : **l'**, **m'**, **t'**, **j'** pour **le**, **la**, **me**, **te**, **je** devant la voyelle ou l'**h-** muet du mot suivant :

> Tu **t'**ennuies. Il **m'**appelle. **J'**habite Bruxelles.

LES FONCTIONS DES PRONOMS PERSONNELS

Les pronoms personnels peuvent avoir les fonctions du nom. Seules les formes accentuées peuvent être attribut.

fonctions	formes inaccentuées	formes accentuées
sujet	**Je** comprends son émotion. **Tu** ne m'as rien dit. **Il** n'a pas entendu. **Elle** n'est pas venue. **Ils** sont partis.	**Moi,** j'agirai autrement. **Toi,** tu as oublié. **Lui,** il n'en a rien su. **Elle,** elle ne m'a pas vu. **Eux,** ils ne t'ont pas cru.
attribut		C'est **moi** qui lui ai parlé. C'est **elle** qui est venue.
complément d'objet direct	Je **t'**estime beaucoup. Je **le** crois sur parole. Elle **vous** appelait.	Elle t'a invité, **toi.** Je le crois, **lui.** Félicitez-**vous.**
complément d'objet indirect	Il **lui** en a beaucoup voulu.	**À elle,** tu as toujours obéi.
complément circonstanciel	Elle n'**en** dort plus.	Je suis arrivé après **eux.**

LES PRONOMS NEUTRES «IL» ET «LE»

● Le pronom neutre **il** introduit un verbe impersonnel ou annonce le sujet réel d'un verbe dont **il** est le sujet apparent :

> Il   pleut .   Il vous arrivera malheur .

> verbe   sujet   sujet
> impersonnel apparent   réel

● Le pronom neutre **le** (au sens de «cela») renvoie à un adjectif masculin ou féminin, singulier ou pluriel, ou à une proposition qui précède :

> Êtes-vous satisfaite ? Je **le** suis (= Je suis satisfaite) ;

*Courageux, ils **le** sont* (= Ils sont courageux) ;
*Elle est plus intelligente que tu ne **le** penses* (= que tu ne penses qu'elle est intelligente).

EMPLOIS PARTICULIERS DE «NOUS» ET «VOUS»

● **Nous** s'emploie pour «je» dans le style officiel, afin de donner plus d'autorité à ce qui est dit ; c'est ce qu'on appelle le «nous de majesté» :
> ***Nous**, maire, ordonnons qu'à dater du...*

Nous s'emploie à la place de «tu» pour indiquer l'affection, l'intérêt que l'on porte à la personne ; c'est le «nous de sympathie» :
> *Avons-**nous** bien dormi, mon garçon ?*

● **Vous** s'emploie au lieu de «tu» pour marquer la déférence ; c'est le «vous de politesse». **Tu** indique la familiarité :
> ***Vous** disiez, Monsieur ?* (vous de politesse) ;
> ***Tu** m'ennuies !* (tu de familiarité).

ATTENTION
Dans les cas ici mentionnés, si un adjectif ou un participe se rapporte au pronom pluriel désignant une seule personne, il s'accorde au singulier et au genre de la personne en question :
— nous de majesté : *Nous, **président**... sommes saisi d'une demande de...*
— nous de sympathie : *Sommes-nous bien rétablie, **Anne** ?*
— vous de politesse : *Vous êtes bien pressée, **Jeanne** !*

LE PRONOM PERSONNEL RÉFLÉCHI

Le pronom personnel existe à la forme réfléchie ; il s'emploie uniquement comme complément et il représente le sujet qui fait l'action sur lui-même :
> *Je **me** lave. Elle **se** lave. Nous **nous** lavons. Elles **se** lavent.*

Il n'a de formes particulières qu'à la 3e personne (**se, soi**) ; aux autres personnes, il a la forme du pronom complément :
> *Il **se** lave. Elle **se** lave. Tu **te** laves. Vous **vous** lavez.*

Le pronom réfléchi **soi** s'emploie surtout pour renvoyer à un sujet indéterminé (**personne, chacun, on, celui, qui, plus d'un**, etc.) :
> *Chacun pense à **soi**, avant de penser aux autres.*

LE PRONOM PERSONNEL «EN»

En, pronom personnel invariable, équivaut à **de lui**, **d'elle**, **d'eux**, **de cela** (neutre) et peut avoir les fonctions suivantes :
— complément de nom : *La vivacité de son esprit est grande ; elle nous **en** cache parfois la profondeur* : «en», complément du nom «profondeur» (la profondeur de son esprit) ;

— complément de l'adjectif : *Elle a réussi et elle **en** est fière :* «en», complément de l'adjectif «fière» (fière de cette réussite) ;

— complément d'objet direct : *Avez-vous envoyé des lettres ? Je n'**en** ai pas reçu :* «en», C.O.D. de «ai reçu» (je n'ai pas reçu de lettres) ;

— complément d'objet indirect : *Vous m'avez rendu service et je m'**en** souviendrai :* «en», C.O.I. de «souviendrai» (je me souviendrai de cela) ;

— complément circonstanciel de cause : *Elle a eu la grippe ; elle **en** est restée très affaiblie :* «en», C.C. de cause de «affaiblie» (affaiblie à cause de cette grippe) ;

— complément circonstanciel de moyen : *Il prit une pierre et l'**en** frappa :* «en», C.C. de moyen de «frappa» (il le frappa avec cette pierre).

Le pronom **en** est surtout employé pour remplacer les noms de choses. Pour désigner des êtres animés, on emploie de préférence le pronom personnel variable : **lui**, **elle**, **eux**, **elles**, etc. :

> *Avez-vous lu son livre ? Il est facile de s'**en** souvenir.*
> *L'avez-vous connu ? Il est facile de se souvenir **de lui**.*

ATTENTION
En peut être adverbe de lieu («de là») ou préposition (= «dans») :

> *Êtes-vous allés chez elle ? J'*|en|* viens.   Je vais* |en| *ville.*
>   adverbe   préposition
>   de lieu

Le pronom personnel «y»

Le pronom personnel invariable **y** a le sens de «à cette personne-là», «à cette chose-là», «à cela» (neutre). Il renvoie le plus souvent à une idée ou à une chose et peut avoir les fonctions suivantes :

— complément d'objet indirect de personne : *L'avez-vous pris comme ami ? Pour moi, je ne m'**y** fierais pas :* «y», C.O.I. de «fierais» (je ne me fierais pas à lui) ;

— complément d'objet indirect de chose : *Penses-tu à ce que je t'ai dit ? J'**y** pense :* «y», C.O.I. de «pense» (je pense à cela).

ATTENTION
Y peut être aussi un adverbe de lieu (au sens de «là») :

> *Connaissez-vous le **Portugal** ? J'**y** suis allé cet été.*

Place du pronom personnel sujet

● Le pronom personnel sujet est en général placé immédiatement avant le verbe. Il ne peut en être séparé que par les pronoms compléments ou la première partie de la négation :

> **Je** le **connais** de longue date.   **Je** n'**y** **suis** pas allé.

● Le pronom personnel sujet accentué peut être placé après le verbe :

> *Je **saurai** lui répondre, **moi*** («moi», sujet de «saurai», comme «je»).

● Le pronom personnel sujet non accentué est placé après le verbe ou entre l'auxiliaire et le participe aux temps composés dans trois cas :

— dans les phrases interrogatives ou exclamatives : *Que lui **avez-vous** dit ?* **Puisse**-t-**elle** *guérir vite !*

— dans les propositions incises (ou intercalées) : *Ce n'est pas ta faute, dis-**tu*** («dis-tu», proposition incise) ;

— dans les propositions commençant par **du moins, peut-être, au moins, en vain, aussi, à peine, ainsi,** etc. : ***Peut-être** trouverez-**vous** un appui. **À peine** avait-**il** terminé que je partis.*

LACE DU PRONOM PERSONNEL COMPLÉMENT

● Le pronom personnel complément non accentué est placé avant le verbe, sauf à la forme affirmative de l'impératif :

> *Elle **le considéra** longuement.   Je ne **l'ai** pas **vu**.*
> *Ne **le prenez** pas, mais **Prenez-le**.*

● Le pronom personnel complément accentué est placé après le verbe :

> *Il me **plaît**, à **moi**, d'agir ainsi.   **Envoyez-moi** le paquet par la poste.*

● Quand plusieurs pronoms sont compléments d'un même verbe, le complément indirect est placé le plus près du verbe :

> *Nous le **lui avons répété** cent fois* («le», complément direct ; «lui», complément indirect).

C'est l'inverse à l'impératif : **Donnez**-le-**lui**.

RÉPÉTITION DU PRONOM PERSONNEL

PRONOM PERSONNEL SUJET

Le pronom personnel sujet est normalement répété devant chaque verbe :

> ***Elle** écouta en silence, puis **elle** réfléchit quelques instants.*

Cette répétition n'est pas obligatoire lorsque les verbes sont juxtaposés ou bien coordonnés par les conjonctions **et, ou, mais** :

> ***Elle** agissait sans réflexion **et** s'étonnait de ses mésaventures.*

ATTENTION
Cette répétition n'a jamais lieu quand les verbes sont liés par la conjonction **ni** :

> ***Il** ne le saluait **ni** ne lui parlait jamais.*

LE PRONOM PERSONNEL COMPLÉMENT

Le pronom complément est en général répété devant chaque verbe :

> *Elle **me** comprend et **m'**approuve.*

Il est toujours répété quand les deux pronoms ont une fonction différente :

> *Il **me** voit et **me** tend la main.*

Le pronom personnel complément n'est pas répété aux temps composés des verbes quand l'auxiliaire lui-même n'est pas répété, mais à condition que ce pronom complément ait même fonction :

Elle $\boxed{m'}$a compris et $\boxed{m'}$a approuvé → Elle **m'**a compris et approuvé : un
C.O.D   C.O.D   seul pronom et un seul auxiliaire.
de «a compris»   de «a approuvé»

Il m'a vu et m'a tendu la main : «m'», C.O.D. de «a vu», et «m'», complément d'attribution de «a tendu», ont des fonctions différentes ; ils sont donc répétés.

REPRISE D'UN NOM

OU D'UN PRONOM PAR UN PRONOM PERSONNEL

● Le nom ou le pronom sujet ou complément peut être mis en relief en tête de phrase. Dans ce cas, il est repris près du verbe par un pronom complément ou sujet :

Jeanne, *nous **l'**aimons beaucoup.*
Toi, *je **te** connais bien.* **Lui**, *il est malin.*

● Le nom sujet peut être placé après le verbe dans les constructions impersonnelles. Dans ce cas, il est annoncé par un pronom avant le verbe :

Il *manque deux **cartes*** («Il» annonce «cartes» ; «il», sujet apparent ; «cartes», sujet réel de «manque»).

LE PRONOM PERSONNEL EXPLÉTIF

● Le pronom complément de la 1re ou de la 2e personne peut s'employer sans avoir de valeur grammaticale, pour souligner l'intérêt pris à l'action par celui qui parle ou pour solliciter l'attention des interlocuteurs :

*Regardez-**moi** ce spectacle !*
*On **vous** le fit tournoyer en l'air et maintes fois retomber sur le drap tendu.*

● Le pronom personnel figure, sans valeur grammaticale, dans diverses locutions :

*Il s'**en** est pris à moi.*   *Bravo, vous **l'**emportez !*

LES PRONOMS ET ADJECTIFS RELATIFS

Le pronom relatif remplace généralement un nom ou un pronom placés avant lui. C'est aussi un mot qui introduit une proposition (voir partie «Structure de la phrase»). Il est d'un usage très courant, contrairement à l'adjectif relatif, employé seulement dans de rares constructions syntaxiques.

LE RÔLE DU PRONOM RELATIF

Dans une phrase complexe, le pronom relatif remplace un nom ou un pronom, nommé «antécédent», exprimé dans la proposition qui précède. Il établit ainsi une relation entre cette proposition et la seconde, dite «relative», qui complète ou explique cet antécédent :

Il régnait un $\boxed{silence}$ $\boxed{dont}$ *chacun finissait par s'inquiéter ;*

antécédent   pronom relatif

dans cette phrase, «dont», pronom relatif, remplace silence : chacun finissait par s'inquiéter de ce silence. La proposition relative qui commence par «dont» complète le nom «silence», qui est l'antécédent de «dont».

REMARQUE   L'antécédent peut ne pas être exprimé (dans les proverbes, en particulier) ; le pronom relatif a alors un sens indéfini : **Qui** *dort dîne* (= celui qui dort...)
S'il était exprimé, le sujet de «dîne» serait «celui», antécédent de «qui».

LES FORMES DES PRONOMS RELATIFS

Le pronom relatif, qui existe à la forme simple et à la forme composée, a le genre et le nombre de son antécédent. Cet antécédent peut être un nom (masculin ou féminin) ou un pronom (masculin, féminin ou neutre) :

*Les rose**s que** tu as cueill**ies** sont belles ;* «que», pronom relatif, est du féminin pluriel comme «roses», son antécédent, d'où l'accord de «cueillies».
*As-tu vu l'importance de **ce** à **quoi** tu t'engages ?* «quoi», pronom relatif, est du neutre singulier comme son antécédent, le pronom démonstratif neutre «ce».

REMARQUES
1. Le genre neutre n'a pas de formes composées mais il a une forme simple supplémentaire (**quoi**).
2. **Que** s'élide en **qu'** devant une voyelle et un **h-** muet.

	masculin	féminin	neutre
formes simples	qui	qui	qui
	que	que	que
			quoi
	dont	dont	dont
	où	où	où
formes composées	lequel, lesquels	laquelle, lesquelles	
	duquel, desquels	de laquelle, desquelles	
	auquel, auxquels	à laquelle, auxquelles	

LES FONCTIONS DES PRONOMS RELATIFS

Le pronom relatif a toutes les fonctions d'un nom dans la proposition relative qu'il introduit :

Il s'avançait sur la ⌐couche¬ *de glace* ⌐qui¬ *s'était formée sur l'étang.*

antécédent   pronom relatif
de «qui»   sujet de «s'était formée»

LES EMPLOIS PARTICULIERS DES PRONOMS RELATIFS

«QUI»

«Qui» peut être du masculin, du féminin ou du neutre, du singulier ou du pluriel et avoir les fonctions suivantes dans la proposition relative :

— sujet : *Je fais ce **qui** me plaît :* «qui», pronom relatif, neutre singulier, est sujet de «plaît» ;

     *C'est un tyran pour tous les gens **qui** l'entourent :* «qui», pronom relatif, masculin pluriel, est sujet de «entourent» ;

— complément du nom : *C'est un homme à la parole de **qui** on peut se fier :* «qui», pronom relatif, masculin singulier, complément du nom «parole» ;

— complément d'objet indirect : *Connaissez-vous la personne de **qui** je parlais ? :* «qui», pronom relatif, féminin singulier, est complément d'objet indirect de «parlais» ;

— complément circonstanciel : *Cet ami pour **qui** j'ai reporté mon voyage m'a fait faux bond :* «qui», pronom relatif, masculin singulier, est complément circonstanciel d'intérêt de «reporté».

ATTENTION

«Qui», complément, n'admet comme antécédent qu'un nom de personne ou de chose personnifiée.

«QUE»

«Que» peut être du masculin, du féminin ou du neutre, du singulier ou du pluriel et avoir les fonctions suivantes dans la proposition relative :

— attribut du sujet : *La rusée **qu'**elle est a deviné :* «que», pronom relatif, féminin singulier, est attribut de «elle» ;

— complément d'objet direct : *Elle saisit la main que je lui tendais :* «que», pronom relatif, féminin singulier, est complément d'objet direct de «tendais» ;

— complément circonstanciel de temps : *Du temps que nous étions étudiants... :* «que», pronom relatif, masculin singulier, est complément circonstanciel de temps de «étions».

«QUOI»

«Quoi» est du neutre singulier (antécédents : **rien, ce, cela**) et peut avoir dans la proposition relative les fonctions suivantes :

— complément d'objet indirect ou complément circonstanciel : *Voilà, précisément, ce à quoi je réfléchissais :* «quoi», pronom relatif, neutre singulier, complément d'objet indirect de «réfléchissais» ;

— complément de l'adjectif : *Il n'est rien à quoi je ne sois prête :* «quoi», pronom relatif, neutre singulier, est complément de l'adjectif «prête».

REMARQUE «Quoi» s'emploie sans antécédent dans diverses expressions : «grâce à quoi», «sans quoi», «moyennant quoi», «c'est à quoi».

«DONT»

«Dont» est du masculin, du féminin ou du neutre, du singulier ou du pluriel et a dans la proposition relative les fonctions suivantes :

— complément du nom : *Elle raconta la scène dont elle avait été le témoin :* «dont», pronom relatif, féminin singulier, est complément du nom «témoin» ;

ATTENTION
«Dont» ne peut pas, en règle générale, être complément d'un nom introduit par une préposition.

— complément de l'adjectif : *Je vous donne un travail dont vous me semblez capable :* «dont», pronom relatif, masculin singulier, est complément de l'adjectif «capable» ;

— complément d'agent : *Elle s'adressa aux amis dont elle était entourée :* «dont», pronom relatif, masculin pluriel, est complément d'agent de «était entourée» ;

— complément circonstanciel de cause : *C'est une maladie dont on ne meurt plus aujourd'hui :* «dont», pronom relatif, féminin singulier, est complément circonstanciel de cause de «meurt» ;

— complément circonstanciel de lieu (origine) : *La famille dont je descends est originaire du Maine :* «dont», pronom relatif, féminin singulier, est complément circonstanciel de lieu de «descends» ;

— complément circonstanciel de moyen ou de manière : *Il se saisit d'une pierre dont il le frappa :* «dont», pronom relatif, féminin singulier, est complément circonstanciel de moyen de «frappa» ;

— complément d'objet indirect : *C'est une aventure dont elle se souvient fort bien :* «dont», pronom relatif, féminin singulier, complément d'objet indirect de «se souvient».

«OÙ»

«Où» ne peut s'appliquer qu'aux choses ; il remplace le pronom relatif «lequel» précédé d'une préposition et peut avoir dans la proposition relative les fonctions suivantes :

— complément circonstanciel de lieu : *Le village **où*** (= dans lequel) *il s'est retiré se trouve loin de l'autoroute :* «où», pronom relatif, masculin singulier, est complément circonstanciel de lieu de «s'est retiré» ;

— complément circonstanciel de temps : *Il a fait très froid la semaine **où*** (= pendant laquelle) *vous êtes partis :* «où», pronom relatif, féminin singulier, est complément circonstanciel de temps de «êtes partis».

REMARQUE «D'où» s'emploie sans antécédent, au sens de «de quoi», dans des formules conclusives : *D'où je déduis que...*

«LEQUEL»

«Lequel» et les autres formes composées (auquel, duquel, laquelle, de laquelle, à laquelle, lesquels, desquels, auxquels, lesquelles, desquelles, auxquelles) s'emploient :

— quand l'antécédent est un nom de chose, et que le relatif est précédé d'une préposition :

> La **persévérance avec laquelle** elle a travaillé ne nous a pas étonnés ;

— à la place de «que» ou de «qui» lorsqu'une équivoque est possible :

> Je connaissais fort bien le **fils** de sa voisine, **lequel** avait les mêmes goûts : «qui avait les mêmes goûts» serait ambigu car «qui» pourrait remplacer «fils» ou «voisine» ;

— à la place de «dont», complément d'un nom lui-même complément indirect :

> Prenez soin de ces dossiers, **de la perte desquels** vous auriez à répondre.

PLACE DU RELATIF

Le pronom relatif, précédé ou non d'une préposition, est placé en tête de la proposition relative et immédiatement après son antécédent :

> Elle revoyait en rêve cette **maison dont** elle connaissait chaque pierre.

Il est séparé de son antécédent lorsque celui-ci est suivi d'un adjectif, d'un complément du nom, lorsqu'il s'agit d'un pronom personnel atone (non accentué), ou lorsqu'il est complément d'un nom lui-même complément indirect :

> Je **la** vis **qui** ramassait un petit bout de ficelle.
> Il aimait la **musique**, à l'étude de **laquelle** il se consacrait.

Dans la langue littéraire, l'écrivain sépare parfois l'antécédent du relatif :

> Alors l'**arbre** s'écroula, **que** la foudre avait frappé.

RÉPÉTITION DU PRONOM RELATIF

Le pronom relatif est répété lorsque plusieurs propositions relatives sont coordonnées ou juxtaposées et que la fonction du relatif n'est pas la même ou lorsque ces propositions sont longues :

*Je vous conseille de lire ce **livre que** j'ai acheté la semaine dernière et **dont** j'aime beaucoup le sujet :* «que» est C.O.D. de «ai acheté» ; «dont» est complément du nom «sujet».

REMARQUE Le pronom relatif peut ne pas être répété quand les propositions sont courtes et qu'il a même fonction :

*Le **paysan** qui me servait de guide et ne me parlait guère me montra du doigt le village* (= qui me servait de guide et qui ne me parlait guère : «qui» est à chaque fois sujet).

LES RELATIFS INDÉFINIS

Les pronoms relatifs indéfinis sont : **quiconque, qui que, qui que ce soit qui, quoi que** (en deux mots) ; ils sont employés sans antécédent, avec le sens de «tout homme qui», «toute chose que», etc. :

***Quiconque** cherchera trouvera ;*
***Quoi que** vous disiez, je m'en tiendrai à ma première idée ;*
***Qui que ce soit qui** vienne, dites que je suis occupé.*

REMARQUES

1. «Quiconque» s'emploie parfois comme pronom indéfini au sens de «n'importe qui» : *Défense à **quiconque** de pénétrer.*

2. «Quel que» est un adjectif relatif indéfini, où «quel» est variable et s'accorde avec le sujet du verbe ; il introduit alors une proposition de concession (voir p. 145) au subjonctif :

***Quelle que** soit votre **appréhension**, vous ne pouvez éviter cette rencontre ;*
***Quelles qu'**aient été vos **erreurs** passées, je vous excuse.*

Placé immédiatement devant le verbe «être», **quel que** s'écrit en deux mots.

LES ADJECTIFS RELATIFS

L'adjectif relatif, qui a la même forme que le pronom relatif «lequel», est d'un emploi rare, restreint à la langue judiciaire ou à l'expression «auquel cas».
Il s'accorde toujours en genre et en nombre avec le mot auquel il se rapporte :

*Après avoir entendu les témoins, **lesquels témoins** ont déclaré...*
*S'il pleuvait ce soir, **auquel cas** je ne pourrais pas venir,...*

LES PRONOMS ET ADJECTIFS INTERROGATIFS

Les pronoms interrogatifs invitent l'interlocuteur à désigner l'être ou la chose sur laquelle porte l'interrogation :
Qui as-tu rencontré ?
De quoi parlez-vous ?
L'interrogation peut être directe ; la phrase se termine alors par un point d'interrogation :
À qui faut-il adresser cette réclamation ?
(«qui», pronom interrogatif en construction directe).

L'interrogation peut être indirecte ; la phrase qui la contient dépend alors d'un verbe comme «demander», «savoir», etc. et ne comporte pas de point d'interrogation :
Je demande à qui il faut adresser cette réclamation
(«qui», pronom interrogatif en construction indirecte).
L'adjectif interrogatif, lui, invite à indiquer la qualité de l'être ou de la chose sur lesquels porte la question.

LES FORMES DES PRONOMS INTERROGATIFS

Le pronom interrogatif a des formes normales et des formes d'insistance. Ces formes varient avec le nombre (singulier et pluriel) et avec le genre : masculin, féminin ou neutre (désignant des choses vagues ou des idées).

		formes normales			formes d'insistance	
		masculin	féminin	neutre	personnes	choses
formes simples	sing.	qui?	qui?	quoi? que? ce qui, ce que (*interrogation indirecte*)	qui est-ce qui? qui est-ce que? lequel est-ce qui?	qu'est-ce qui? qu'est-ce que? de quoi est-ce que? (*etc.*)
	plur.	qui? (*rare*)	—			
formes composées	sing.	lequel duquel auquel	laquelle de laquelle à laquelle	—	—	—
	plur.	lesquels desquels auxquels	lesquelles desquelles auxquelles			

REMARQUES

1. Les formes d'insistance sont devenues dans la langue parlée les formes habituelles de l'interrogation directe.

2. **Que** s'élide en **qu'** devant une voyelle ou un **h-** muet.

LES EMPLOIS ET FONCTIONS

DES PRONOMS INTERROGATIFS

«QUI»

Le pronom «qui» interroge sur une personne et garde cette forme dans l'interrogation directe ou indirecte (voir «Les subordonnées interrogatives», p. 137) ; il peut avoir les fonctions suivantes :

	interrogation directe	interrogation indirecte
sujet	*Qui frappe à la porte ?*	*Je demande **qui** frappe à la porte.*
attribut	*Qui êtes-vous ?*	*Je demande **qui** vous êtes.*
C.O.D.	*Qui verra-t-on à la fête ?*	*Je demande **qui** l'on verra.*
C.O.I.	*À **qui** doit-on s'adresser ?*	*Je demande à **qui** l'on doit s'adresser.*
complément du nom	*De **qui** a-t-on pris l'avis ?*	*Je demande de **qui** l'on a pris l'avis.*
complément de l'adjectif	*De **qui** est-il jaloux ?*	*Je demande de **qui** il est jaloux.*
complément d'agent	*Par **qui** fut-elle nommée ?*	*Je demande par **qui** elle fut nommée.*
complément d'attribution	*À **qui** donne-t-on le prix ?*	*Je ne sais à **qui** on donne le prix.*
C.C.	*Avec **qui** vient-elle ?*	*Je ne sais avec **qui** elle vient.*

«QUE»

Le pronom «que» interroge sur une personne, une chose, une idée ; il devient **ce qui**, **ce que** dans l'interrogation indirecte et peut avoir les fonctions suivantes :

	interrogation directe	interrogation indirecte
sujet	*Que se passe-t-il ?*	*Je demande **ce qui** se passe.*
attribut	*Qu'est-il devenu ?*	*Je me demande **ce qu'il** est devenu.*
C.O.D.	*Que désirez-vous ?*	*Je demande **ce que** vous désirez.*
C.C. de prix	*Que coûte ce livre ?*	*Je demande **ce que** coûte ce livre.*

«QUOI»

Le pronom «quoi» interroge sur une chose ou une idée ; il devient **ce que**, **quoi** dans l'interrogation indirecte et peut avoir les fonctions suivantes :

	interrogation directe	interrogation indirecte
sujet	*Quoi de nouveau ?*	*Je demande **ce qu'il** y a de nouveau.*
C.O.D.	*Quoi répondre ?*	*Je ne sais **quoi** répondre.*
C.O.I.	*À **quoi** cela peut-il servir ?*	*Je ne sais à **quoi** cela peut servir.*
complément d'agent	*Par **quoi** est-elle émue ?*	*Je ne sais par **quoi** elle est émue.*
complément d'attribution	*À **quoi** doit-il son échec ?*	*Je ne sais à **quoi** il doit son échec.*
C.C.	*Sur **quoi** avez-vous parlé ?*	*Je ne sais sur **quoi** il a parlé.*

«LEQUEL»

Le pronom «lequel» invite à désigner un être ou une chose ; il garde la même forme dans l'interrogation directe ou indirecte et peut avoir les fonctions suivantes.

	interrogation directe	interrogation indirecte
sujet	*Lequel d'entre vous désire me parler ?*	*Je ne sais lequel d'entre vous désire me parler.*
C.O.D.	*Lequel de ces deux livres préfères-tu ?*	*Je ne sais lequel de ces deux livres tu préfères.*
C.O.I.	*Auquel des deux songez-vous ?*	*Je ne sais auquel des deux vous songez.*
complément de nom	*Duquel de ces fruits préférez-vous le parfum ?*	*Je vous demande duquel de ces fruits vous préférez le parfum.*
complément de l'adjectif	*Auquel de ces emplois paraît-elle le plus apte ?*	*Je vous demande auquel de ces emplois elle paraît le plus apte.*
complément d'agent	*Par lequel des deux avez-vous été raccompagnée ?*	*Je ne sais par lequel des deux vous avez été raccompagnée.*
complément d'attribution	*Auquel des deux avez-vous donné ce livre ?*	*Je ne sais auquel des deux vous avez donné ce livre.*

LES FORMES

DE L'ADJECTIF INTERROGATIF ET EXCLAMATIF

L'adjectif interrogatif a la forme **quel** au masculin et **quelle** au féminin (pluriel : **quels** et **quelles**). Il s'accorde en genre et en nombre avec le nom auquel il se rapporte et qu'il précède :

> De ***quelle province*** *êtes-vous originaire ?*

«Quel» s'emploie comme épithète ou comme attribut :

> ***Quel*** *jour viendrez-vous ?*   ***Quel*** *est cet arbre ?*

REMARQUE L'adjectif interrogatif peut aussi être employé comme adjectif exclamatif exprimant l'admiration, la surprise, l'indignation, etc. :

> ***Quel*** *beau fruit !*   ***Quelle*** *fut sa surprise !*

LES PRONOMS ET ADJECTIFS INDÉFINIS

Les pronoms indéfinis indiquent un être, une chose ou une idée, de manière vague et indéterminée. Les adjectifs indéfinis précèdent un nom pour exprimer une idée imprécise de quantité, de qualité, de ressemblance ou de différence.

LES FORMES DES PRONOMS INDÉFINIS

Les pronoms indéfinis peuvent être du masculin, du féminin ou du neutre :

Quelqu'un *a sonné à la grille du jardin :* «quelqu'un», masculin ;
Aucune *d'entre elles n'avait osé intervenir :* «aucune», féminin ;
Elle n'en a **rien** *su :* «rien», neutre.

masculin	féminin	neutre
aucun, nul, personne n'importe qui, je ne sais qui certains, plus d'un, plusieurs l'un, l'autre, les uns, les autres, un autre, d'autres, autrui on, quelqu'un, quelques-uns chacun tel, tels, le même, les mêmes, tout, tous quiconque	aucune, nulle, personne n'importe qui, je ne sais qui certaines, plus d'une, plusieurs l'une, l'autre, les unes, les autres, une autre, d'autres on, quelqu'une, quelques-unes chacune telle, telles, la même, les mêmes, toute, toutes	rien n'importe quoi, je ne sais quoi quelque chose tout

LES FONCTIONS DES PRONOMS INDÉFINIS

Les pronoms indéfinis peuvent avoir presque toutes les fonctions qu'ont les noms :

— sujet : **Nul** *ne l'avait vue :* «nul», pronom indéfini, masculin, sujet de «avait vue» ;

— complément d'objet direct : *Il recevait* **n'importe qui** *:* «n'importe qui», pronom indéfini, masculin, complément d'objet direct de «recevait» ;

— complément d'objet indirect : *Ne vous fiez pas à* **certains** *:* «certains», pronom indéfini, masculin pluriel, complément d'objet indirect de «fiez» ;

— complément d'attribution : *Donnez à* **chacun** *sa part :* «chacun», pronom indéfini, masculin singulier, complément d'attribution de «donnez» ;

— complément d'agent : *Je ne suis connue de **personne** ici* : «personne», pronom indéfini, masculin singulier, complément d'agent de «suis connue» ;

— complément circonstanciel : *Elle vient avec **quelqu'un*** : «quelqu'un», pronom indéfini, masculin singulier, complément circonstanciel d'accompagnement de «vient».

LES FORMES DES ADJECTIFS INDÉFINIS

L'adjectif indéfini se rapporte au nom qu'il accompagne et s'accorde en genre et en nombre avec lui :

*Elle n'a jamais eu **aucun** ami* : «aucun», masculin singulier, se rapporte à «ami» ;

*En **certaines** circonstances, il faut être prudent* : «certaines», féminin pluriel, se rapporte à «circonstances».

Il peut avoir les formes suivantes, en fonction de l'idée qu'il exprime.

expression	masculin	féminin
qualité	certain(s), n'importe quel(s), je ne sais quel(s), quelque, quelconque	certaine(s), n'importe quelle(s), je ne sais quelle(s), quelque, quelconque
quantité	aucun, pas un, nul, divers, différents, certains plusieurs, plus d'un, maint(s), quelques, chaque, tout, tous	aucune, pas une, nulle, diverses, différentes, certaines plusieurs, plus d'une, mainte(s), quelques, chaque, toute, toutes
différence	autre	autre
ressemblance	même(s), tel(s)	même(s), telle(s)

L'EMPLOI DES PRONOMS ET ADJECTIFS INDÉFINIS

Chaque mot classé dans les indéfinis présente en général des emplois qui le font entrer dans plusieurs classes grammaticales.

● **Aucun**, **aucune**, pronom ou adjectif indéfini, est toujours accompagné de la négation **ne** ou de la préposition **sans** :

*Il **n'**en est **aucun** qui sache mieux son rôle* (pronom) ;
***Aucune** démarche **n'**a été faite* (adjectif) ;
*Elle a réussi **sans aucun** effort* (adjectif).

REMARQUES

1. «Aucun» signifiait anciennement «quelque», «quelqu'un» et était employé sans négation ; il reste employé sans négation dans des phrases dubitatives au subjonctif, ou interrogatives, ou dans un système comparatif :

*Elle doutait qu'**aucun** d'entre vous **réussît** ;*
*Connaissez-vous **aucun autre** moyen ?*
*Elle est plus qualifiée qu'**aucune autre** personne.*

«Aucun» et «nul» peuvent être employés au pluriel : *aucun**s** frais ; nul**s** soucis*. Dans la langue littéraire, le pronom **d'aucuns** signifie «certains» :

>***D'aucuns*** *sont d'un avis différent du vôtre.*

2. Si l'on veut insister sur l'idée de négation, on emploie **pas un**, **pas une**, **nul**, **nulle**, pronoms ou adjectifs indéfinis, toujours suivis de la négation **ne** :

>***Pas un*** *assistant **ne** se leva pour le contredire.* ***Nul ne*** *le revit.*

Au sens de «sans aucune valeur», **nul** s'emploie comme adjectif qualificatif : *Cette explication est **nulle**.*

● **Autre**, **autrui**. «Autre», pronom ou adjectif indéfini, sert à distinguer une nouvelle personne ou une nouvelle chose d'une première personne ou d'une première chose considérées :

>*Une **autre** vous remplacera* (pronom) ;
>*Venez au début de l'**autre semaine*** (adjectif).

Au sens de «différent», **autre** s'emploie comme adjectif qualificatif : *Le résultat fut tout **autre**.*

«Autrui», pronom indéfini employé seulement comme complément dans les phrases sentencieuses, désigne l'ensemble des personnes que l'on distingue de soi : *Ne fais pas à **autrui** ce que tu ne voudrais pas qu'on te fît.*

● **Certain**, **certaine**, adjectifs indéfinis, et **certains**, **certaines**, pronoms indéfinis, ont un sens indéterminé :

>***Certaine affaire*** *m'appelle à l'étranger* (adjectif) ;
>***Certains*** *me l'ont dit* (pronom).

Quand «certain» suit le nom auquel il se rapporte, il n'est plus adjectif indéfini, mais adjectif qualificatif au sens de «assuré», «non douteux» :

>*Une **certaine réussite** reste toute relative* (adjectif indéfini) ;
>*Une **réussite certaine** ne l'est pas* (adjectif qualificatif).

● **Chaque**, **chacun**. «Chaque», adjectif indéfini, «chacun», «chacune», pronoms indéfinis, s'appliquent à toutes les personnes ou à toutes les choses d'un groupe, mais prises séparément :

>***Chaque*** *phrase était ponctuée d'un geste* (adjectif) ;
>***Chacune*** *de ces discussions éveillait en lui des souvenirs* (pronom).

● **Divers**, **plusieurs**. «Divers» (ou «différents»), «maints», adjectifs indéfinis, «plusieurs» (ou «plus d'un»), pronom et adjectif indéfini, indiquent une quantité plus ou moins importante, mais ils ont toujours une valeur de pluriel :

>***Divers*** *amis m'ont prévenu **maintes** fois* (adjectifs) ;
>***Plusieurs*** *m'ont assuré de leur sympathie* (pronom).

● **L'un**, **l'autre**, pronoms indéfinis, indiquent que l'on considère une personne ou un objet isolément en les séparant d'un groupe :

>***L'un*** *lève la tête, **l'autre** griffonne sur une page.*

«Ni l'un ni l'autre» signifie «aucun des deux» ; «l'un et l'autre», «tous les deux» ; «l'un ou l'autre», «un des deux». «L'un l'autre» marque la réciprocité :

>*Ils se haïssent **l'un l'autre**.*

● **Même** est adjectif indéfini, quand il a le sens de :

— «semblable, identique» (il est alors placé entre l'article et le nom) :

> Elles prirent la **même** route ;

— «personnellement» (il est alors relié par un trait d'union à un pronom personnel qui précède pour le renforcer) :

> Nous-**mêmes** nous avons ri ;

— «précisément» (il se place sans trait d'union après le nom ou le pronom) :

> Il est venu le matin **même** ;

— «au plus haut point» (il est alors placé après le nom ou le pronom, sans trait d'union) :

> Elle est la prudence **même**.

ATTENTION

«Même» est adverbe, et donc invariable, quand il a le sens de :
- «aussi» (placé avant ou, plus rarement, après le nom accompagné de l'article) : **Même** les garçons peinaient ;
- «bien que» (placé devant un adjectif) : **Même** ruinés, ils avaient leur fierté ;
- «en outre, de plus» (placé devant un verbe) : Elle le vit et **même** lui parla.

REMARQUE   «Même», précédé de l'article défini, peut être pronom indéfini : Ce n'est pas **le même** que le tien.

● **On**, pronom indéfini toujours employé comme sujet, désigne une ou plusieurs personnes de manière imprécise :

> **On** entendait courir dans la rue.

Dans la langue parlée ou, à l'écrit, avec une valeur affective (modestie, sympathie, ironie, etc.), le pronom «on» peut remplacer les pronoms personnels «il», «elle», «nous», «vous», «ils», «elles», «je», «tu». Dans ce cas, l'adjectif (ou le participe attribut) s'accorde, le cas échéant, avec l'idée de féminin ou de pluriel contenue dans «on», mais le verbe (ou l'auxiliaire) reste au singulier :

> **On** est bien **spirituelle** aujourd'hui ! («on» représente une femme) ;
> **On** a été retard**és** par l'orage («on» = nous : emploi familier).

REMARQUES

1. On emploie parfois la forme **l'on**, surtout dans la langue soutenue, en particulier après **et, ou, où, qui, que, quoi, si** : Qu'on s'adresse à qui **l'on** voudra. Si **l'on** n'y prend garde...

2. Le pronom **on** est souvent assimilé à un pronom personnel sujet.

● **Personne, rien**, pronoms indéfinis toujours accompagnés de la négation **ne** ou précédés de la préposition **sans**, ont le sens de «aucune personne», «aucune chose» :

> **Personne ne** l'avait entendu.   Il **n'a rien** vu qui retînt son attention.
> Elle est revenue du magasin **sans** avoir **rien** acheté.

REMARQUE   «Personne» et «rien» gardent parfois le sens de «quelqu'un», «quelque chose», qu'ils avaient encore au XVIIe siècle, dans une proposition interrogative, conditionnelle, etc. : Avez-vous **rien** entendu de plus plaisant ?

ATTENTION

Précédés de l'article, «personne» et «rien» peuvent être des noms :

Une personne *est venue me voir.*   **Un rien** *l'amuse.*

● **Quelconque, quiconque**. «Quelconque», adjectif indéfini, «quiconque», pronom indéfini (qui peut être aussi relatif indéfini), signifient «n'importe lequel», «n'importe qui» :

Ouvrez ce livre à une page **quelconque** *;*
Il est à la portée de **quiconque** *de résoudre ce problème.*

REMARQUE Si l'on veut insister sur l'idée d'indétermination, on emploie «n'importe qui», «n'importe quoi» : *Elle ferait* **n'importe quoi** *pour l'aider.*

● **Quelque** est adjectif indéfini quand, précédant un nom, il a le sens de «plusieurs, une certaine quantité», «un certain nombre», «un certain» :

Quelques *indiscrets lui auront raconté mon aventure.*

Il peut l'être aussi quand, précédant un nom suivi de **que** relatif, il introduit une proposition de concession au subjonctif :

Quelques *raisons que vous* **avanciez**, *vous ne me convaincrez pas.*

ATTENTION

«Quelque» est adverbe, et donc invariable, quand il a le sens de :
— «environ» : *Il y a* **quelque** *quarante ans ;*
— «tellement» ; il est alors placé devant un adjectif suivi de **que** conjonction, introduisant une proposition de concession au subjonctif :

Quelque *grands* **que** *soient ses efforts, elle ne saurait réussir.*

● **Quelqu'un, quelqu'une, quelques-uns, quelques-unes**, pronoms indéfinis, désignent au singulier une personne indéterminée ; au pluriel, ils indiquent un nombre indéterminé :

Quelqu'un *aurait-il fait obstacle à ton projet ?*
Quelques-uns *l'avaient connue jadis.*

● **Tel** est adjectif indéfini quand il a le sens de «un certain...» :

Telle *page était griffonnée,* **telle** *autre tachée d'encre.*

REMARQUE «Tel» est adjectif qualificatif quand il a le sens de :
— «semblable», «pareil à ce qui précède» : *Le jardin est* **tel** *que je l'avais imaginé :* la proposition conjonctive introduite par «que» est une subordonnée comparative ;
— «si grand», «si important» : *Ses paroles avaient une* **telle** *sincérité que tous furent émus :* la proposition conjonctive introduite par «que» est une subordonnée consécutive.

«Tel» est pronom indéfini quand il a le sens de «quelqu'un» (ordinairement comme antécédent d'un relatif) :

Tel *est pris qui croyait prendre.*

REMARQUE «Tel» est pronom ou adjectif démonstratif quand il a le sens de «ce», «cet», «cela», «celui-ci» : **Tels** *furent les résultats de ses efforts.*

● **Tout** est adjectif indéfini quand il signifie :

— «chaque», «n'importe quel» :

À **tout** instant, je suis obligé de m'arrêter ;

— «tous sans exception» :

Tous les élèves sont tenus de remettre des devoirs.

REMARQUES

1. «Tout» est adjectif qualificatif quand il signifie :

— «tout entier» (placé devant un nom accompagné d'un déterminant) : **Toute** la famille est réunie. Voilà **toute** ma fortune.

— «seul» (sans déterminant devant le nom qui suit) : Pour **toute** excuse, elle allégua son ignorance.

2. «Tout» peut aussi être un nom quand, précédé de l'article, il a le sens de «la totalité», «l'ensemble» : Donnez-moi **le tout**.

«Tout» est pronom indéfini quand il signifie :

— «tout le monde», «toutes les choses» : **Tous** sortirent de la salle ;

— «n'importe qui», «n'importe quoi» : **Tout** peut arriver.

ATTENTION

«Tout» est adverbe quand il signifie «tout à fait». Il modifie un adjectif, un adverbe, un verbe, un nom :

Des livres **tout** neufs. Il marchait **tout** doucement.

Comme adverbe, «tout» reste invariable, sauf devant les adjectifs féminins commençant par une consonne ou un **h-** aspiré :

Elle s'arrêta **tout** étonnée, tout**e h**onteuse. Des fleurs tout**es** blanches.

En langue courante, on admet toutefois l'accord devant les adjectifs commençant par une voyelle ou un **h-** muet : La province **tout** entière ou tout**e** entière.

LE VERBE

Le verbe est un mot de forme variable qui exprime une action faite par le sujet (*Je marchais seul dans la rue obscure*) ou subie par le sujet (*Les pièces défectueuses seront remplacées*) ou qui indique un état du sujet (*Le ciel est nuageux*). C'est le constituant essentiel du groupe verbal.

TYPES GÉNÉRAUX DE VERBES

Il existe deux grands types de verbes :

● **les verbes d'action** (le mot «action» étant pris dans un sens large) :

> Il le **reçut** avec politesse.   La malade **a subi** une opération ;

● **les verbes d'état**, qui introduisent en particulier un attribut du sujet :

> Il **paraissait** désespéré.   Elle **devenait** plus habile.

REMARQUE   Le même verbe peut être verbe d'action (à la forme active) et verbe d'état (à la forme passive) : *Elle **éclaire** la pièce. La pièce **est éclairée**.*

● Selon leur sens, on distingue de même (sans que la liste puisse être close) :
— les verbes d'opinion : *penser, croire, juger*, etc. ;
— les verbes d'énonciation : *dire, affirmer*, etc. ;
— les verbes de mouvement : *marcher, courir, aller*, etc. ;
— les verbes d'échange : *vendre, acheter*, etc. ;
— les verbes de transformation : *changer, muter*, etc. ;
— les verbes de perception : *voir, entendre, sentir*, etc.

● **Une locution verbale** est un groupe de mots (verbe accompagné d'un nom, d'un infinitif ou d'un adverbe) qui joue le rôle de verbe simple : *avoir envie, avoir l'air, faire peur, rendre service, tourner court, faire croire, il y a, il y avait*, etc. :

> J'**ai envie** de ce livre. Il **ajoute foi** à son histoire.

Un groupe de mots forme une locution verbale lorsque le nom qui y entre n'est pas précédé de l'article ou qu'on ne peut insérer de complément entre le verbe et le nom : *avoir l'air, faire peur, mettre en cause*.

VERBES TRANSITIFS ET INTRANSITIFS

Un verbe peut être transitif ou intransitif selon qu'il admet ou non telle sorte de complément.

LES VERBES TRANSITIFS

Un verbe est transitif quand l'action s'accomplit sur un être animé ou sur une chose, qui est alors complément d'objet :

> J'ouvre la porte.   Je sais que tu m'attends.
> C.O.D. de «ouvre»   C.O.D. de «sais»

● Le complément d'objet peut suivre directement le verbe sans l'intermédiaire d'une préposition. Il est alors complément d'objet direct et le verbe est transitif direct :

> *Elle **reprit** son **livre*** : «livre» est C.O.D. de «reprit»
> → «reprit» est transitif direct.

● Le complément d'objet peut dépendre du verbe par l'intermédiaire d'une préposition ; il est complément d'objet indirect ; le verbe est transitif indirect :

> *Elle **pardonne à son fils*** : «fils» est C.O.I. de «pardonne»
> → «pardonne» est transitif indirect.

ATTENTION

Un verbe peut être tantôt transitif direct, tantôt transitif indirect ; les deux constructions ont généralement un sens différent :

> *Il **manque** son but* (transitif direct) ;
> *Il **manque** à sa parole* (transitif indirect).

▬ LES VERBES INTRANSITIFS

Un verbe est intransitif quand l'action ne s'accomplit pas sur un complément d'objet, mais reste limitée au sujet :

> *Paule **part** pour la campagne* («partir» est un verbe intransitif).
> C.C. de lieu

Les verbes d'état sont toujours intransitifs :

> *Il **semblait** désolé* : «sembler» est intransitif ; «désolé» est attribut du sujet «il».

ATTENTION

Des verbes intransitifs peuvent être employés transitivement :

> *Elle est déjà descendue* («descendre» : verbe intransitif) ;
> *Elle a descendu les bagages* («descendre» : employé transitivement).

Inversement, des verbes transitifs peuvent être employés sans complément d'objet. On dit alors qu'ils sont employés «absolument» ou «intransitivement» :

> *Il **mange** un morceau de pain* («manger» : verbe transitif) ;
> *Ne le dérangez pas, il **mange*** («manger» : employé absolument).

LES VOIX OU FORMES DU VERBE

Le verbe peut se trouver à la voix (ou forme) active, passive ou pronominale. Les verbes d'action transitifs directs sont les seuls à pouvoir présenter les trois voix ou formes. Les verbes d'état et les verbes intransitifs n'existent qu'à la voix active ; les verbes transitifs indirects n'ont en général pas de passif : *J'écoute* (voix active) ; *Je suis écouté* (voix passive) ; *Je m'écoute* (voix pronominale).

VOIX OU FORME ACTIVE

Un verbe est à la voix active quand le sujet désigne l'être ou la chose qui fait l'action :

> *L'enfant **court** dans la rue ;*

ou quand le sujet se trouve dans l'état indiqué par le verbe :

> *Elle **restait** silencieuse. Paul **était devenu** pâle.*

VOIX OU FORME PASSIVE

Un verbe est à la voix passive quand le sujet désigne l'être ou la chose qui subit l'action indiquée par le verbe ; le verbe est alors accompagné de l'auxiliaire «être» :

> *Son fils **a été blessé** dans un accident.*

Le sujet du passif est le complément d'objet de la tournure active correspondante *(une pierre a blessé son fils).* L'action est faite par le complément d'agent (= le sujet de la tournure active correspondante), introduit par les prépositions **par** ou **de** :

> *Le cri a été entendu **par tous les assistants** :* «assistants» est complément d'agent de «a été entendu».

Mais ce complément peut ne pas être exprimé :

> *Elle **a été punie** hier :* «a été punie» n'est pas suivi d'un complément d'agent.

VOIX OU FORME PRONOMINALE

Un verbe est à la voix pronominale quand le sujet est accompagné d'un pronom personnel réfléchi de la même personne que le sujet et placé avant le verbe :

> *Les invités **se** réjouirent de son arrivée. Luc **se** regardait dans la glace.*
> *Je **me** contentai de cette explication. Nous **nous** écrivons souvent.*

Les verbes pronominaux sont répartis en différentes catégories, selon leur sens.

▬ LES VERBES ESSENTIELLEMENT PRONOMINAUX

Ce sont des verbes qui n'existent qu'à la forme pronominale ou dont le pronom de forme réfléchie n'a pas de fonction grammaticale dans la phrase :

*César ne put **s'emparer** de Gergovie :* «s'emparer» n'existe qu'à la forme pronominale ;

*Il ne **s'est** pas **aperçu** de son erreur :* dans «s'apercevoir», le pronom **s'** n'a pas de fonction grammaticale. «Apercevoir» existe à la forme active et a un sens différent de «s'apercevoir».

▬ LES VERBES PRONOMINAUX DE SENS RÉFLÉCHI

Le sujet fait alors l'action sur lui-même. Le pronom réfléchi peut être complément d'objet direct, complément d'objet indirect ou complément d'objet second :

*Il **se** peigne :* «se», complément d'objet direct de «peigne» ;

*Elle **se nuit** par son obstination :* «se», complément d'objet indirect de «nuit» ;

*Elle **s'accorde** du repos :* «s'», complément d'objet second ou d'attribution de «accorde».

REMARQUE Quand un verbe pronominal réfléchi est employé à l'infinitif après **faire** ou **laisser**, le pronom réfléchi est souvent omis :

*Faites **asseoir** le client dans ce bureau* (= faites en sorte que le client s'assoie) ;

*Elle n'a pas laissé **échapper** l'occasion* (= elle n'a pas laissé l'occasion s'échapper).

▬ LES VERBES PRONOMINAUX DE SENS RÉCIPROQUE

Plusieurs personnes (ou êtres animés) font alors l'une sur l'autre l'action indiquée par le verbe. Le pronom réciproque peut être complément d'objet direct, complément d'objet indirect ou complément d'objet second :

*Jeanne et Pierre ne **se sont** jamais vus :* «se», complément d'objet direct de «vus» ;

*Ils ne **se sont** jamais **nui** l'un à l'autre :* «se», complément d'objet indirect de «nui» ;

*Marie et Jean **se sont adressé** des lettres :* «se», complément d'attribution de «adressé».

▬ LES VERBES PRONOMINAUX DE SENS PASSIF

Certains verbes peuvent être employés à la voix pronominale avec le sens passif :

*Les fruits **se vendent** cher* (voix pronominale) = *Les fruits sont vendus cher* (voix passive).

MODES, TEMPS, ASPECTS ET PERSONNES

L'action ou l'état exprimés par le verbe peuvent être présentés selon plusieurs caractéristiques : le mode, le temps et l'aspect. Cette action ou cet état ainsi exprimés se rapportent à une personne. Les personnes sont soit les participants à la communication (*je, tu, nous, vous*), soit l'objet de la communication (*il, elle, ils, elles*).

MODES ET TEMPS

● L'action peut être présentée comme présente, passée, future ; c'est la notion de temps :

> *je lis* (action présente) ; *j'ai lu* (action passée) ; *je lirai* (action future).

Les temps simples sont ceux qui sont exprimés par une forme verbale unique :

> *Il lira ; il lirait ; je cours ; nous allions.*

Les temps composés sont ceux qui sont exprimés par une forme verbale formée à l'aide d'un auxiliaire et d'un participe passé :

> *Il **avait lu** (actif). Ce livre **est connu** de tous* (passif).

Les temps surcomposés sont formés de deux auxiliaires et d'un participe passé :

> *Dès que **j'ai eu fini** mon devoir, je suis allé jouer.*

● L'action peut être présentée comme réelle, possible, voulue, désirée ; c'est la notion de mode :

> *elle lit* : (action réelle) → indicatif ;   *lis* : (action voulue) → impératif ;
> *elle lirait* : (action possible) → conditionnel ;
> *je demande qu'elle lise* : (action désirée) → subjonctif.

On appelle «modes personnels» l'indicatif, le conditionnel, le subjonctif, l'impératif, parce que les formes verbales varient avec les personnes.

On appelle «modes impersonnels» le participe et l'infinitif, parce que les formes verbales ne varient pas avec les personnes.

REMARQUE   On appelle «verbes défectifs» les verbes qui ne possèdent pas certains modes ou certains temps. Ainsi, le verbe «déchoir» est défectif : il n'a pas d'indicatif imparfait ni d'impératif.

modes	temps simples		temps composés	
indicatif	présent	*je lis*	passé composé	*j'ai lu*
	imparfait	*je lisais*	plus-que-parfait	*j'avais lu*
	passé simple	*je lus*	passé antérieur	*j'eus lu*
	futur	*je lirai*	futur antérieur	*j'aurai lu*
conditionnel	présent	*je lirais*	passé 1re forme	*j'aurais lu*
			passé 2e forme	*j'eusse lu*
subjonctif	présent	*que je lise*	passé	*que j'aie lu*
	imparfait	*que je lusse*	plus-que-parfait	*que j'eusse lu*
impératif	présent	*lis ; lisez*	passé	*aie lu, ayez lu*
participe	présent	*lisant*	passé	*ayant lu*
infinitif	présent	*lire*	passé	*avoir lu*

ASPECTS

L'action peut être présentée de deux façons :

— comme étant en train de se faire ; c'est l'aspect non-accompli :

> *On entend ce matin le bruit de la route ;*

— comme étant déjà faite au moment où l'on s'exprime ; c'est l'aspect accompli :

> *On a réparé l'aspirateur.*

Dans le premier exemple, «entend» est à la fois un présent et un non-accompli (= le bruit de la route s'entend) ; dans le deuxième exemple, «a réparé» est à la fois un présent et un accompli (= l'aspirateur se trouve actuellement réparé).

L'aspect se combine donc avec le temps ; il y a des passés non-accomplis (comme l'imparfait dans certains de ses emplois), des passés accomplis (comme le passé simple) et des non-accomplis présents (comme très souvent le passé composé) :

> *La tempête durait depuis huit jours* (non-accompli passé) ;
> *La tempête dura huit jours* (accompli passé) ;
> *La tempête s'est levée aujourd'hui* (non-accompli présent).

PERSONNES ET NOMBRES

La forme du verbe varie avec le sujet du verbe :

	singulier	pluriel
1re personne	je *lirai*	nous *lirons*
2e personne	tu *liras*	vous *lirez*
3e personne	il/elle *lira*	ils/elles *liront*

ATTENTION

L'impératif est le seul mode personnel qui ne comporte que la 2e personne du singulier et du pluriel et la 1re personne du pluriel.

LES VERBES IMPERSONNELS

On appelle verbes impersonnels (ou unipersonnels) les verbes qui n'ont que la 3e personne du singulier, sans que celle-ci désigne un être ou un objet déterminé :

> *il faut... ; il pleut ; il neige ; Ça sent bon, ici !*

Un verbe impersonnel s'emploie toujours avec le pronom sujet «il» ou, familièrement, avec le pronom «ça».

Les verbes impersonnels peuvent être des locutions verbales :

> *Il fait beau.*

REMARQUE   On dit qu'un verbe est pris impersonnellement lorsqu'il est employé dans les mêmes conditions que les verbes impersonnels, tout en existant dans un autre sens à toutes les personnes :

> *Il arrive souvent qu'un accident se produise à ce carrefour :* «arrive», pris impersonnellement ;
>
> *Il arrive demain d'Angleterre :* «arrive», verbe personnel.

RADICAL ET TERMINAISON

Les formes verbales simples sont composées d'un radical, qui représente l'idée contenue dans le verbe, et d'une terminaison, ou désinence, qui indique le mode, le temps et la personne :

> dans *nous chantons*, **chant-** est le radical (que l'on retrouve dans «**chant**eur», «**chant**onner») et **-ons** est la terminaison, qui indique l'indicatif présent et la 1re personne du pluriel.

● La terminaison est donc essentiellement variable ; elle change selon la personne, le temps et le mode :

> *je chant**e** ; vous chant**erez** ; ils chant**èrent**.*

● Le radical s'obtient en enlevant la terminaison de l'infinitif :

> ***chant**-er, **fin**-ir, **entend**-re.*

Il est en général identique pour toute la conjugaison d'un verbe :

> *Je **chant**-e, nous **chant**-ons.*

Mais ce n'est pas toujours le cas :

— les divers temps et modes peuvent être formés sur des radicaux différents :

> *aller : je **vais**, j'**irai**, que j'**aille** ;*

— le radical peut varier à l'intérieur d'un même temps ou d'un temps à l'autre :

> ***ten**ir : je **tiens**, nous **ten**ons ; je **ten**ais, je **tiend**rai.*

LES AUXILIAIRES ET SEMI-AUXILIAIRES

L'auxiliaire est une forme verbale qui a perdu sa signification propre et qui sert à exprimer certains modes ou certains temps d'un autre verbe.
On distingue les auxiliaires proprement dits (*avoir* et *être*) : *J'ai lu ; Nous sommes arrivés* ; les auxiliaires de temps, d'aspect ou de mode, ou semi-auxiliaires : *Je viens de lire.*

LES AUXILIAIRES «AVOIR» ET «ÊTRE»

● L'auxiliaire **avoir** s'emploie pour former les temps composés des verbes transitifs et de la plupart des verbes intransitifs à la voix active :

> Nous **avons** entendu des cris. Elle **a** vécu deux ans à Toronto.

● L'auxiliaire **être** s'emploie pour former les temps simples et composés des verbes à la voix passive, les temps composés des verbes pronominaux et de certains verbes intransitifs (*naître, mourir, devenir, aller, partir,* etc.) :

> Il **est** surpris de ton arrivée. Le chien **s'est** jeté sur lui en aboyant.
> Le loup **est** tombé dans le piège.

REMARQUE   Certains verbes sont employés comme transitifs avec l'auxiliaire «avoir» et comme intransitifs avec l'auxiliaire «être» :

> Elle **a monté** les bagages (transitif).
>   C.O.D.

> Elle **est montée** au 3ᵉ étage (intransitif).
>   C.C. de lieu

LES AUXILIAIRES DE MODE OU DE TEMPS

Certains verbes sont employés comme auxiliaires pour exprimer une valeur particulière de mode, d'aspect ou de temps. On les appelle «semi-auxiliaires».

● **Auxiliaires de mode :**
aller = ordre : *Vous **allez** me refaire cela.*
devoir = probabilité : *Le locataire **doit** être sorti.*
pouvoir = souhait : ***Puissiez**-vous venir !*

● **Auxiliaires d'aspect ou de temps :**
venir de = passé très proche : *Elle **vient** de partir.*
être en train de = action qui se fait : *Je **suis en train de** lire.*
être sur le point de = futur très proche : *J'**étais sur le point de** sortir.*
aller = futur proche : *Je **vais** lui parler.*
devoir = futur : *Le temps semble **devoir** s'améliorer.*

LES CONJUGAISONS

Conjuguer un verbe, c'est faire varier sa forme en fonction des modes, des temps et des personnes. On classe les verbes selon les terminaisons des temps et modes et selon les variations du radical. Ce classement permet de regrouper les verbes par types de conjugaison.

LES TYPES DE CONJUGAISON

On distingue trois groupes dans les conjugaisons, selon les formes verbales que présentent les verbes aux différents modes et temps :

1er groupe : **aimer** = verbes dont l'infinitif se termine par **-er**

2e groupe : **finir** = — — — **-ir** (part. prés. **-issant**)

3e groupe : **offrir** = — — — **-ir** (part. prés. **-ant**)

        recevoir = — — — **-oir**

        prendre = — — — **-re**.

REMARQUE Le 1er et le 2e groupe s'enrichissent de nouveaux verbes ; le 3e groupe, au contraire, a tendance à s'appauvrir : de *téléphone*, on a fait ***téléphoner*** ; de *rouge, **rougir*** ; mais ***se rappeler*** (1er groupe) concurrence ***se souvenir*** (3e groupe) : *Je me souviens de mon enfance ; je me rappelle mon enfance.*

LES FORMES VERBALES

DANS LES PHRASES NÉGATIVES

● Dans les formes verbales simples, le verbe s'intercale entre les deux parties de la négation : «ne... pas», «ne... point», «je... que», «ne... jamais», etc.

    *Je **ne** comprends **pas** votre obstination.*

● Dans les formes verbales composées, l'auxiliaire seul s'intercale :

    *Je **n'**ai **point** attendu votre conseil pour agir.*

● À l'infinitif, la négation précède la forme simple :

    *Il sait **ne pas** insister quand il a tort.*

L'infinitif de **avoir** et **être** peut être encadré par **ne... pas** :

    *Il prétend **n'**avoir **pas** le temps (ou **ne pas** avoir le temps) ;*
    *Je regrette de **n'**être **pas** venu (ou de **ne pas** être venu).*

LES FORMES VERBALES

DES PHRASES INTERROGATIVES

Dans les propositions interrogatives directes, le rejet du pronom après le verbe peut entraîner des modifications de l'orthographe en raison de la prononciation de certaines formes verbales :

— changement de l'**-e** muet en **-é** (usage très rare) : *je parle* → *parlé-je* ?

— adjonction d'un **-t-** pour empêcher l'hiatus : *acceptera-t-il* ?

Toutefois, pour éviter certaines formes, on emploie à la 1re personne, et souvent aux autres, la locution **est-ce que... ?**, qui permet au sujet de rester devant le verbe :

> **Est-ce que** *je pars tout de suite* ?   **Est-ce qu'**elle acceptera ?

REMARQUE Dans les propositions qui sont à la fois interrogatives et négatives (interro-négatives), la forme verbale simple ou l'auxiliaire s'intercalent entre les deux éléments de la négation :

> **Ne** *viendra-t-elle* **pas** *demain* ?   **Ne** *l'avez-vous* **pas** *connu jadis* ?

PARTICULARITÉS DES CONJUGAISONS

Les verbes du 1er groupe, tout en ayant les mêmes terminaisons que le verbe modèle «aimer», présentent quelquefois des particularités, selon la forme du radical. Les verbes du 2e groupe se conjuguent sur le modèle «finir», sauf trois d'entre eux. Les verbes du 3e groupe ne peuvent être conjugués à partir d'un modèle unique et comportent de nombreuses particularités.

VERBES DU 1er GROUPE

VERBES EN -CER, -GER

Les verbes en **-cer** prennent une cédille devant **-a-** et **-o-** ; les verbes en **-ger** prennent un **-e-** après le **-g-** devant **-a-** et **-o-** :

> *placer* (infinitif présent) → *Je plaçais, nous placions* (indicatif imparfait) ;

> *manger* (infinitif présent) → *Je mangeais, nous mangions* (indicatif imparfait).

VERBES EN -YER, -AYER

Les verbes en **-yer** changent l'**-y-** en **-i-** devant un **-e-** muet ; les verbes en **-ayer** peuvent conserver l'**-y-** devant un **-e-** muet :

> *nettoyer* (infinitif présent) → *Je nettoie, il/ elle nettoie, nous nettoyons, ils nettoient* (indicatif présent) ; *Je nettoierai, nous nettoierons* (indicatif futur) ;

> *payer* (infinitif présent) → *Je paye (paie), il/elle paye (paie), nous payons, ils/elles payent (paient)* [indicatif présent] ; *Je payerai (ou paierai)* [indicatif futur].

VERBES EN -ELER

Les verbes en **-eler** redoublent le **-l-** devant une syllabe contenant un **-e-** muet, sauf : **celer, ciseler, congeler, déceler, démanteler, écarteler, geler, marteler, modeler, peler**, qui changent l'**-e-** muet de l'avant-dernière syllabe de l'infinitif en **-è-** ouvert :

> *appeler* (infinitif présent) → *J'appelle, il/elle appelle, nous appelons, ils/elles appellent* (indicatif présent) ;

> *peler* (infinitif présent) → *Je pèle, il/elle pèle, nous pelons, ils/elles pèlent* (indicatif présent).

▩ VERBES EN -ETER

Les verbes en **-eter** redoublent le **-t-** devant une syllabe contenant un **-e-** muet, sauf : **acheter, corseter, crocheter, fureter, haleter, racheter**, qui changent l'**-e-** muet de l'avant-dernière syllabe de l'infinitif en **-è-** ouvert :

> *jeter* (infinitif présent) → *Je je**tte**, tu je**tte**s, il/elle je**tte**, nous jetons, ils/elles je**tte**nt* (indicatif présent) ;

> *acheter* (infinitif présent) → *J'ach**è**te, il/elle ach**è**te, nous achetons, ils/elles ach**è**tent* (indicatif présent).

▩ AUTRES VERBES DONT L'AVANT-DERNIÈRE SYLLABE CONTIENT UN -E- MUET OU UN -É- FERMÉ

Ces verbes changent l'**-e-** muet ou l'**-é-** en **-è-** quand la syllabe qui suit contient un **-e-** muet, sauf au futur et au conditionnel des verbes dont l'avant-dernière syllabe contient un **-é-**.

> *semer* (infinitif présent) → *Je s**è**me, il/elle s**è**me, nous semons, ils/elles s**è**ment* (indicatif présent) ; *je s**è**merai, nous s**è**merons* (indicatif futur) ;

> *révéler* (infinitif présent) → *Je rév**è**le, il/elle rév**è**le, nous révélons, ils/elles rév**è**lent* (indicatif présent) ; *je rév**é**lerai, nous rév**é**lerons* (indicatif futur).

▩ L'IMPÉRATIF

La 2ᵉ personne du singulier de l'impératif des verbes en **-er** ne prend jamais d'**-s**, sauf devant **-en** et **-y** :

> *parle**s-en**, va**s-y**.*

Verbes du 2ᵉ groupe

Les verbes du 2ᵉ groupe suivent le modèle du verbe «finir» (voir tableau en fin de volume). Seuls trois verbes ont des formes particulières :

● **haïr** garde le tréma à toutes les formes, sauf aux trois personnes du singulier de l'indicatif présent et à la 2ᵉ personne du singulier de l'impératif : *Je hais,(tu)hais, il/elle hait ;*

● **fleurir**, au sens figuré de «prospérer», forme son imparfait et son participe présent sur le radical **flor-** : *Les cités florissaient* mais *Les roses fleurissaient ;*

● **bénir**, qui est régulier, a normalement un participe passé, **béni**, sauf dans les expressions *pain béni**t**, eau béni**te**.*

Verbes du 3ᵉ groupe

Le 3ᵉ groupe comprend un petit nombre de verbes, tous irréguliers, mais ceux-ci sont très usuels ; aucun verbe nouvellement formé ne se rattache à un des types de cette conjugaison (tableaux en fin de volume).

100

Les verbes de la 3ᵉ conjugaison présentent de nombreuses irrégularités, à la fois dans leurs radicaux et dans leurs terminaisons :

— des modifications du radical interviennent au cours de la conjugaison :

> je **reç**ois, nous **recev**ons ;   je **meurs**, nous **mour**ons ;

— le passé simple et le participe passé présentent des formes très diverses :

> je con**duisis**, con**duit** ;   je v**is**, v**u** ;   je re**çus**, re**çu** ;
> je f**uis**, **fui** ;   je f**is**, **fait** ;   je pr**is**, **pris** ;

— l'indicatif présent et l'impératif ont des terminaisons diverses :

> **prendre** fait je pren**ds**, il/elle pren**d** (impératif : pren**ds**) ;
> **peindre** fait je pein**s**, il/elle pein**t** (impératif : pein**s**) ;
> **savoir** fait je sa**is**, il/elle sa**it** (impératif : sa**che**) ;

— les seules terminaisons qui aient les mêmes formes pour tous les verbes sont celles de l'indicatif imparfait et futur, du conditionnel présent, du participe présent :

> je pren**ais**, je ven**ais** ; il saur**a**, elle offrir**a** ;
> elle pour**rait**, il voud**rait** ;

— le subjonctif imparfait est toujours formé à partir du passé simple :

> je pr**is**, que je pr**isse** ;   j'aper**çus**, que j'aper**çusse** ;

— le présent et le passé simple de l'indicatif peuvent se confondre à l'oral aux trois personnes du singulier :

> je f**uis**, tu f**uis**, il f**uit** ;   je r**is**, tu r**is**, elle r**it** ;

ATTENTION

L'impératif des verbes de la 3ᵉ conjugaison terminé par un **-e** muet prend un **-s** devant **-en** et **-y** :

> Cueille**s-en** quelques-unes.

LE MODE INDICATIF

On emploie le mode indicatif pour exprimer une action ou un état certains, réels, généraux (*Il fait beau aujourd'hui*) ou considérés comme tels par celui qui parle ou écrit (*Il s'inquiète inutilement*).

LE PRÉSENT

Le présent exprime une action qui se produit (ou un état qui existe) au moment où l'on parle :

> Je **vois**, de ma fenêtre, la pluie qui **tombe** à verse.

VALEURS PARTICULIÈRES DU PRÉSENT

Le présent peut aussi exprimer :

— une idée générale, vraie de tout temps : *Le sage* **réfléchit** *avant d'agir ;*

— une action qui se répète habituellement : *Le soir, je* **lis** *d'ordinaire jusqu'à minuit ;*

— une action passée, que l'on veut rendre plus vivante (présent de narration) : *Elle se promenait tranquillement sur la route ; soudain* **survient** *une voiture ;*

— une action qui se produit dans un futur immédiat : *Il* **arrive** *dans un instant ;*

— une action future après **si** introduisant une proposition de condition dont la principale est au futur : *Demain, s'il fait beau, nous* **irons** *voir le lever du soleil.*

LE FUTUR

Le futur exprime une action qui doit ou peut se produire dans l'avenir, par opposition au présent et au passé :

> Nous **verrons** bientôt revenir les beaux jours.

VALEURS PARTICULIÈRES DU FUTUR

Le futur peut aussi exprimer :

— un ordre (comme l'impératif) : *Vous* **prendrez** *ces cachets tous les matins à jeun ;*

— une action présente, quand on veut atténuer l'expression d'un ordre (futur de politesse) : *Je vous* **demanderai** *de me laisser poursuivre mon exposé ;*

— une action passée venant après une autre action passée, dans les récits historiques : *Montcalm fut vaincu à Québec. De là* **viendra** *la perte de la Nouvelle-France ;*

— une idée générale, vraie en tout temps : *On ne* **sera** *jamais assez prudent ;*

— une action qui succède à une autre dans l'avenir : *Tu frapperas, et on* *t'***ouvrira** *;*

— une hypothèse probable, une supposition : *Qui a frappé ? ce **sera** la voisine ;*
— une protestation indignée : *Ils **auront** donc tous les droits !*

'IMPARFAIT

L'imparfait indique une action passée considérée dans sa durée :
 *Il **feuilletait** fébrilement son livre.*

VALEURS PARTICULIÈRES DE L'IMPARFAIT

L'imparfait peut aussi indiquer :

— une action passée qui se répète (imparfait de répétition ou d'habitude) : *La semaine il **rentrait**, **prenait** son journal et **se mettait** à lire sans dire un mot ;*

— une action passée qui se produit en même temps qu'une autre exprimée au passé simple (imparfait de simultanéité) : *Elle **dormait** encore profondément quand **sonnèrent** huit heures ;*

— une action qui se produit soudain dans le passé : *Il s'étendit sur son lit ; cinq minutes après, le téléphone **sonnait** ;*

— dans un récit au passé, les aspects habituels d'un être ou d'une chose (imparfait de description) : *Ses cheveux **tombaient** sur ses épaules ;*

— dans une proposition conditionnelle introduite par **si**, la condition mise à la réalisation de l'idée exprimée par la principale : *Elle n'accepterait pas **si** je lui **offrais** mon aide ;*

— un regret : *Ah ! s'il **se souvenait** de tout ce qu'il a appris !*

— une atténuation polie d'une demande, d'une recommandation : *Je **voulais** vous demander votre avis.*

E PASSÉ SIMPLE

Le passé simple exprime une action achevée qui s'est produite à un moment bien déterminé du passé ; il diffère donc de l'imparfait, qui exprime la durée ou la répétition :

 *On **entendait** sans cesse du bruit au grenier ; on y **monta** :* l'action de monter, considérée comme un fait ponctuel, s'oppose à la durée du bruit entendu.

Le passé simple s'oppose au présent de l'indicatif, car il exprime une action complètement achevée au moment où l'on parle :

 *Chacun sait que Christophe Colomb **découvrit** l'Amérique en 1492.*

E PASSÉ COMPOSÉ

Le passé composé exprime une action terminée à un moment nécessairement non précisé du passé :

 *Elle **a voyagé** souvent à l'étranger.*

■ VALEURS PARTICULIÈRES DU PASSÉ COMPOSÉ

— Le passé composé peut aussi exprimer une action qui s'est passée à un moment déterminé, mais ce moment est compris dans un espace de temps qui n'est pas encore achevé : *Le xxᵉ siècle **a vu** les premiers vols de l'homme dans l'espace.*

— Le passé composé peut s'employer, avec la valeur d'un futur antérieur, pour exprimer une action qui va s'achever dans un futur proche : *J'**ai fini** dans cinq minutes.*

— Le passé composé s'emploie au lieu du futur antérieur dans les propositions conditionnelles introduites par **si** : *Si demain la fièvre n'**a** pas **baissé**, rappelez-moi.*

REMARQUE Dans la langue parlée, le passé composé a aujourd'hui remplacé le passé simple.

LE PASSÉ ANTÉRIEUR

● Le passé antérieur exprime une action passée qui s'est produite immédiatement avant une autre action passée. Il s'emploie surtout dans des propositions introduites par une conjonction de temps (**quand**, **lorsque**, **dès que**, etc.) :

> *Quand elle **eut achevé** son discours, elle sortit de la salle.*

● Le passé antérieur exprime parfois, dans une proposition non subordonnée, la succession rapide de deux actions dans le passé :

> *Il reçut un coup de poing, il **eut** vite **répondu** :* l'action de répondre a lieu, en réalité, après l'action de «recevoir».

LE PLUS-QUE-PARFAIT

● Le plus-que-parfait exprime une action qui s'est produite avant une autre action passée, mais, à la différence du passé antérieur, il peut s'être écoulé un temps assez long entre les deux actions :

> *Il **avait connu** l'aisance ; il était maintenant dans la misère.*

● Le plus-que-parfait exprime une action habituelle ou répétée qui s'est produite avant une autre action passée :

> *Lorsqu'elle **avait lu** un livre, elle en parlait toujours.*

■ VALEURS PARTICULIÈRES DU PLUS-QUE-PARFAIT

Le plus-que-parfait peut aussi exprimer :

— dans les propositions conditionnelles, la condition qui était mise à une action qui ne s'est pas réalisée : *Cet accident ne lui serait pas arrivé s'il **avait été** plus prudent ;*

— le regret d'une action passée qui ne s'est pas réalisée : *Ah ! si vous **aviez pu** savoir !*

LE FUTUR ANTÉRIEUR

Le futur antérieur exprime une action future qui doit ou peut se produire avant une autre action future :

> *Quand nous* **aurons lu** *ce paragraphe, vous pourrez sortir.*

VALEURS PARTICULIÈRES DU FUTUR ANTÉRIEUR

Le futur antérieur permet :

— d'exprimer aussi parfois une conjecture, une supposition : *Elle est en retard :* *elle* **aura eu** *un empêchement de dernière minute ;*

— d'atténuer, par politesse, l'expression d'un fait passé : *Vous vous* **serez** **trompé** *;*

— d'exprimer aussi l'indignation : *Décidément j'***aurai** *tout* **vu** *!*

— d'indiquer, dans les récits historiques, une action passée antérieure à une autre action passée : *Les troupes de Montcalm étaient dispersées. Quand il* **aura** **pu** *les rassembler, il sera trop tard.*

LE MODE SUBJONCTIF

Le mode subjonctif se présente avec deux valeurs principales :
● il relève de l'intention de celui qui parle, dans les phrases indépendantes ;
● il relève de la syntaxe en dépendant, pour son emploi dans une subordonnée, du verbe de la principale.

SENS ET EMPLOIS DU SUBJONCTIF

● Dans les propositions indépendantes ou principales, le subjonctif exprime :
— un ordre : *Qu'elle **prenne** la voiture pour venir* ;
— une défense : *Que rien **ne soit décidé** en mon absence* ;
— un souhait : *Que vos vacances **soient** réussies !*
— une supposition : *Qu'un incident **survienne** et c'est la catastrophe.*

● Dans les propositions subordonnées conjonctives, le subjonctif s'emploie quand le verbe de la principale exprime :
— la volonté : *Je veux que vous **écoutiez** avec attention* ;
— le doute, la crainte : *Je ne crois pas qu'elle **vienne*** ; *Je crains qu'il ne s'en **aperçoive** trop tard* ;
— le sentiment : *Je suis heureux qu'elle **ait eu** beau temps.*

● Dans les propositions subordonnées conjonctives ou relatives, le subjonctif peut s'employer quand la subordonnée exprime une idée :
— de but : *Je lui montre la lettre afin qu'il **comprenne** toute l'affaire* ;
— de concession : *Bien que la pièce **fût** médiocre, on ne s'ennuyait pas* ;
— de condition : *Réglons cela, à moins que vous ne **vouliez** réfléchir* ;
— de conséquence : *Ce n'est pas si compliqué qu'on ne **puisse** comprendre.*

LES TEMPS DU SUBJONCTIF DANS LES SUBORDONNÉES

Dans les propositions subordonnées, le temps du subjonctif dépend du temps du verbe de la principale (concordance des temps).

principale	subordonnée	exemples
présent ou **futur**	**présent** (action présente ou future)	*Je **doute** qu'elle **ait** assez d'énergie. Demain j'**exigerai** qu'il se **taise.***
	passé (action passée)	*Je **doute** qu'elle **ait eu** assez d'énergie. Demain j'**exigerai** que tu **aies fini** pour cinq heures.*
passé ou **conditionnel**	**imparfait** (action simultanée)	*Je **voudrais** qu'il **eût** assez d'énergie.*
	plus-que-parfait (action qui précède)	*Je **craignais** qu'il ne **fût venu** pendant mon absence.*

106

Le MODE IMPÉRATIF

L'impératif exprime un ordre ou une défense (*Regardez ces fleurs, ne les cueillez pas*). À la 1ʳᵉ personne du singulier et aux 3ᵉˢ personnes du singulier et du pluriel, le subjonctif présent supplée l'impératif (*Qu'elle rentre avant huit heures !*).

Valeurs particulières de l'impératif

En plus de l'ordre et de la défense, l'impératif exprime aussi :
— le conseil : *Ne vous **énervez** pas. **Attendez** !*
— le souhait : ***Passez** de bonnes vacances, vous et les vôtres ;*
— la supposition : ***Ôtez** la virgule, le sens devient différent ;*
— la prière : ***Faites**, ô mon Dieu, qu'il reconnaisse son erreur !*

On se sert parfois, pour inviter quelqu'un de façon pressante à ne pas faire quelque chose, de l'impératif négatif du verbe **aller** suivi d'un infinitif :

*N'**allez** pas **penser** que je vous soupçonne.*

Valeur des temps de l'impératif

● L'impératif présent exprime un ordre, une demande ou une défense portant sur le présent ou l'avenir :

***Versez**-moi à boire.*
*Ne **viens** pas mardi, **téléphone**-moi.*

L'impératif présent peut aussi exprimer une condition mise à la réalisation de l'action exprimée dans la proposition qui suit :

***Accepte** ma proposition et je me retire.*
***Parlez**-lui de politique, il ne vous écoute pas.*

● L'impératif passé exprime un ordre (ou une défense) qui devra être accompli à un moment de l'avenir :

***Soyez levés** demain avant huit heures.*

LE MODE CONDITIONNEL

| Le conditionnel exprime une action ou un état qui dépendent, pour leur réalisation, de certaines conditions : | *Si je le savais, je te le dirais volontiers* (le fait de le dire dépend du degré d'information où je suis). |

VALEURS PARTICULIÈRES DU CONDITIONNEL

Le conditionnel peut exprimer :
— un fait imaginé : *On se **croirait** en été* ;
— la supposition : *Au cas où vous **changeriez** d'avis, prévenez-moi* ;
— le souhait : *J'**aimerais** aller à la mer cet été* ;
— l'étonnement : *Elle **viendrait** samedi pour repartir lundi matin ?*
— l'incertitude : *On **serait** sur la piste des coupables* ;
— la politesse : *Je **désirerais** que vous répondiez dès que possible* (moins impératif que «je désire que vous répondiez») ;
— l'indignation : *Et je **devrais** me taire !*

LES TEMPS DU CONDITIONNEL

temps	sens	exemples
conditionnel présent	**potentiel** (action possible dans l'avenir)	*Si vous me donniez son adresse, j'**irais** tout de suite la trouver.*
	irréel du présent (action impossible présentement)	*Si je ne vous savais pas étourdi, je vous **confierais** cette lettre* (mais je sais que vous l'êtes).
conditionnel passé	**irréel du passé** (action qui n'a pu se réaliser)	*Si j'avais su que vous étiez à Lyon, je **serais allé** vous voir* (mais je ne le savais pas).

LE CONDITIONNEL EMPLOYÉ COMME FUTUR

Les conditionnels présent ou passé s'emploient dans les subordonnées avec la valeur de futur simple ou antérieur quand le verbe de la principale (verbes d'énonciation, d'opinion) est au passé. C'est ce qu'on appelle le «futur dans le passé» :

*Il **affirme** qu'il **viendra** →*   *Il **affirmait** qu'il **viendrait** ;*

*Il **affirme** qu'il **viendra** →*   *Il **avait** affirmé qu'il **viendrait** dès qu'il **aura terminé**.*   *dès qu'il **aurait terminé**.*

LE MODE INFINITIF

L'infinitif est une forme verbale qui exprime une action sans indication de personne ni de nombre : *Nous avons vu l'orage venir, les nuages s'amonceler.*
L'infinitif peut aussi jouer le rôle d'un nom et en avoir toutes les fonctions : *Elle consacrait plusieurs heures par jour à lire* (= à la lecture) ; ici, «lire» est complément d'attribution de «consacrait».

LES TEMPS DE L'INFINITIF

● L'infinitif présent indique une action qui se produit en même temps que celle du verbe principal :

Je l'entends **chanter** → *Je l'ai entendu* **chanter**.

● L'infinitif passé indique une action qui s'est produite avant celle qui est exprimée par le verbe principal :

Après **avoir rangé** *ses livres, il se prépare à aller en classe.*

VALEURS PARTICULIÈRES DE L'INFINITIF COMME VERBE

Parmi les emplois particuliers de l'infinitif comme verbe d'une phrase, on distingue :

— l'infinitif d'ordre, mis pour l'impératif, exprimant ordre ou défense (avec la négation) : **Agiter** *le flacon avant de s'en servir ;* **Ne pas exposer** *à l'humidité ;*

— l'infinitif de narration, mis pour l'indicatif. Précédé de la préposition **de**, il indique une action qui fait suite rapidement à ce qui vient d'être dit. Cet emploi appartient à la langue littéraire : *Elle acheva son histoire, et tous* **de rire** *;*

— l'infinitif exclamatif, mis pour l'indicatif, exprime la surprise : *Moi, lui* **dire** *que je l'aime ! Je n'oserais jamais !*

— l'infinitif de délibération exprime l'incertitude : *Que* **faire** *? Qui* **croire** *?*

FONCTIONS DE L'INFINITIF EMPLOYÉ COMME NOM

L'infinitif employé comme nom (infinitif substantivé) a toutes les fonctions du nom :

— sujet : **Promettre** *est facile,* **tenir** *est difficile* («promettre» et «tenir», sujets de «est») ;

— sujet réel : *Il est bon de* **parler** *et meilleur de* **se taire** («parler» et «se taire», sujets réels de «est») ;

— complément du nom : *Je fus retenu par la crainte de le* **vexer** («vexer», complément du nom «crainte») ;

— complément de l'adjectif : *C'est une manœuvre très difficile à* **faire** («faire», complément de l'adjectif «difficile») ;

— attribut : *Votre devoir est d'***intervenir** («intervenir», attribut du sujet «devoir») ;

— C.O.D. : *Elle aurait aimé vous* **seconder** *dans ce travail* («seconder», C.O.D. de «aurait aimé») ;

— C.O.I. : *A-t-elle pensé à* **envoyer** *la lettre ?* («envoyer», C.O.I. de «a pensé») ;

— C.C. de but : *Il ne sait que faire pour la* **contenter** («contenter», C.C. de but de «ne sait que faire») ;

— C.C. de manière : *Elle passa devant moi sans me* **saluer** («saluer», C.C. de manière de «passa») ;

— C.C. de cause : *Pour* **avoir** *trop* **mangé***, elle eut une indigestion* («avoir mangé», C.C. de cause de «eut») ;

— C.C. de moyen : *À force de* **réclamer***, elle obtint satisfaction* («réclamer», C.C. de moyen de «obtint») ;

— C.C. de temps : *Avant d'***avoir pu** *me mettre à l'abri, je fus trempé* («avoir pu», C.C. de temps de «fus trempé») ;

— C.C. de conséquence : *Il est faible au point de* **s'évanouir** («s'évanouir», C.C. de conséquence de «est faible») ;

— C.C. de condition : *À* **courir** *après lui, je serais vite essoufflée* («courir», C.C. de condition de «serais essoufflée») ;

— C.C. de concession : *Pour* **être sévère***, je n'en suis pas moins compréhensif* («être sévère», C.C. de concession de «suis» [= bien que je sois sévère]).

LE MODE PARTICIPE

Le participe est une forme verbale qui peut avoir la valeur d'un verbe en exprimant une action ou un état, et la valeur d'un adjectif en se rapportant à un nom ou un pronom dont il indique une qualité. Il existe un participe présent et un participe passé.

LE PARTICIPE PRÉSENT

Le participe présent est employé comme verbe ou comme adjectif.

● **Participe présent proprement dit :** forme verbale invariable, souvent suivie d'un complément exprimant une action en train de se faire :

*Une meute **hurlant** de fureur s'acharnait sur la bête.*

● **Gérondif :** forme verbale invariable, précédée de la préposition **en**, et exprimant une circonstance du verbe principal :

__En prenant__ l'escabeau, vous atteindrez le rayon.
Elles défilèrent dans les rues __en chantant__.

● **Adjectif verbal :** employé comme adjectif qualificatif, variable, exprimant une qualité :

*Vous avez des enfants très obéissant**s**. La meute hurlant**e** des chiens.*

ATTENTION

Il y a parfois des différences orthographiques entre le participe présent proprement dit et l'adjectif verbal, par exemple :

— participe présent : *provoquant, fatiguant, vaquant, naviguant, négligeant ;*
— adjectif verbal : *provocant, fatigant, vacant, navigant, négligent.*

LE PARTICIPE PASSÉ

Le participe passé peut être employé comme verbe ou comme adjectif.

● **Participe passé proprement dit :** forme verbale souvent suivie d'un complément, exprimant une action passée ou un état présent :

__Appliqués__ à leur travail, ils ne nous avaient pas vus (= étant appliqués).

● **Adjectif verbal :** employé comme adjectif qualificatif :

*Marie est une élève **appliquée**.*

LES ACCORDS DU VERBE AVEC LE SUJET

| Le verbe à un mode personnel s'accorde en personne et en nombre avec le sujet. Cet accord manifeste le lien étroit qui existe entre les deux éléments | essentiels de la phrase : le groupe du nom (ou son remplaçant, le pronom) et le groupe du verbe. |

ACCORD DU VERBE AVEC UN SUJET

Si le verbe a un seul sujet, il s'accorde en nombre et en personne avec ce sujet :

Il *descend* les escaliers.   *Les enfants* *jouent* dans la cour.

sujet   verbe   sujet   verbe
3e pers. 3e pers.   3e pers. 3e pers.
sing.   sing.   plur.   plur.

Toi qui aim**es** tant te baigner, **tu** ser**ais** heureuse ici (sujets : 2e pers. sing. ; verbes : 2e pers. sing.) ;

C'est **moi qui suis** *votre nouvelle voisine* (sujet : 1re pers. sing. ; verbe : 1re pers. sing.).

CAS PARTICULIERS AVEC UN SEUL SUJET

● Le verbe est au pluriel si le sujet est **beaucoup, la plupart** ou un adverbe de quantité accompagnés d'un nom complément au pluriel :

> **La plupart des invités** étaient venus.
> **Beaucoup de badauds** s'arrêtaient.
> **Bien des femmes** riaient.
> **Trop de gens** criaient.

● Le verbe est au singulier ou au pluriel (selon la nuance de sens) si le sujet est une des expressions **un des... qui, un tiers, un quart**, ou un nom collectif, suivis d'un complément au pluriel :

> *C'est une des* **pièces** *qui constitu***ent** *l'ensemble.*
> *C'est* **une** *des pièces qui* **est** *essentielle à l'ensemble.*
> *C'est* **un des films** *qui plaî***t** *ou plai***sent** *le plus au public.*
> **Une foule d'admirateurs** *l'attend***ait** *ou l'attend***aient** *à la sortie.*

● Lorsqu'un pronom relatif sujet a pour antécédent un pronom personnel, le verbe de la proposition relative se met à la même personne et au même nombre que l'antécédent :

> *Est-ce* **toi** *qui le leur* **as** *interdit ?*
> *C'est* **nous** *qui* **avons** *inventé cette histoire.*

ACCORD DU VERBE AVEC PLUSIEURS SUJETS

- Quand un verbe a plusieurs sujets, il se met au pluriel :

  Le chêne et l'érable masqu**aient** la façade de l'hôtel.

- Quand le verbe a des sujets de personnes différentes, il se met à la :

— 1re personne du pluriel si les sujets sont aux 1re et 2e personnes :

  Toi et moi (= nous) *nous **sommes** d'accord sur cette question ;*

— 1re personne du pluriel si les sujets sont aux 1re et 3e personnes :

  Mes amis et moi (= nous) **sommes** all**és** *ensemble à Tunis ;*

— 2e personne du pluriel si les sujets sont aux 2e et 3e personnes :

  Ta sœur et toi (= vous) *vous vous ressembl**ez** beaucoup.*

ATTENTION

Quand le verbe a pour sujet un «vous de politesse», le participe passé (et, éventuellement, l'adjectif attribut) se met au singulier :

  *N'avez-**vous** pas été ém**u** en l'entendant ? Je **vous** croyais sensibl**e**.*

CAS PARTICULIERS AVEC PLUSIEURS SUJETS

- Le verbe peut être indifféremment au singulier ou au pluriel :

— si les sujets au singulier sont réunis par les conjonctions **comme**, **ou**, **ni**, **ainsi que** :

  *Ni lui ni sa femme n'entend**it** ou n'entend**irent** sonner ;*

— si le sujet est **l'un et l'autre** :

  L'un et l'autre sont tombés ou est tombé.

- Le verbe est au pluriel lorsque le sujet est joint à un autre nom de même importance par la préposition **avec** :

  *Ma sœur avec son ami sont all**és** au cinéma.*

Si le deuxième nom est accessoire, le verbe reste au singulier :

  *L'homme avec son chien march**ait** dans la forêt.*

- Le verbe impersonnel, ou le verbe employé à la tournure impersonnelle, ne s'accorde jamais avec le sujet réel, mais reste à la 3e personne du singulier :

  *Il tomb**ait** de larges gouttes tièdes* («gouttes», sujet réel ; accord avec le sujet apparent «il»).

- **C'est** peut rester invariable avec un nom ou un pronom au pluriel :

  C'est eux ou *ce **sont** eux les coupables.*

  *C'ét**ait*** ou *c'ét**aient** de **véritables festins**.*

L'ACCORD DU PARTICIPE PASSÉ

L'accord du participe passé est une des difficultés majeures du français. Cet accord dépend en effet de l'auxiliaire, de la nature du complément et de sa place, et, pour les verbes pronominaux, de la fonction des pronoms.

PARTICIPE PASSÉ EMPLOYÉ SANS AUXILIAIRE

Le participe passé employé sans auxiliaire s'accorde en genre et en nombre avec le nom auquel il se rapporte, comme les adjectifs qualificatifs auxquels il peut être assimilé :

> Les **villas** édifi**ées** sur la colline jouissent d'une vue étendue.
> Abandonn**ée** au bord de la route, une **voiture** accident**ée** rouillait.

PARTICIPE PASSÉ CONJUGUÉ AVEC «AVOIR»

▇▇ RÈGLE

Le participe passé conjugué avec l'auxiliaire «avoir» (temps composés de verbes actifs) s'accorde en genre et en nombre avec son complément d'objet direct, lorsque ce complément le précède :

> Vous avez **pris** → la bonne **route** ;
> C'est la bonne **route que** ← vous avez pri**se**.

ATTENTION
Le participe reste invariable :

— si le verbe n'a pas de complément d'objet direct :

> Ils ont répond**u** (pas de C.O.D.) ;
> Ils ont répond**u** sans retard («sans retard» : C.C. de manière) ;
> Ils ont répond**u** vite à notre lettre («à notre lettre» : C.O.I.).

— si le complément d'objet direct est placé après le participe :

> Nous avons mang**é des fruits**. Elle a re**çu** de bonnes **nouvelles**.

▇▇ SUIVI D'UN INFINITIF

Le participe passé conjugué avec «avoir» et suivi d'un infinitif complément d'objet reste invariable :

> Vous auriez **dû** écouter («écouter» : infinitif C.O.D.) ;
>
> Vous auriez **dû** écouter nos conseils
> Les conseils que vous auriez **dû** écouter   («conseils» : C.O.D. de l'infinitif «écouter» et non du verbe «devoir»)

Cette construction se trouve avec les verbes de perception (**voir, entendre, sentir**, etc.) et certains verbes impliquant l'obligation, la volonté, etc. (**laisser, faire, vouloir, devoir, pouvoir, omettre de**, etc.).

ATTENTION

● Avec les verbes **voir, regarder, entendre, sentir** et **laisser,** il ne faut pas confondre le sujet de l'infinitif avec son complément d'objet direct :

*J'ai entend**u** entrer **Odile*** (= qu'Odile entrait) : «Odile» est sujet de «entrer» et C.O.D. de «ai entendu» ;

*J'ai entend**u** féliciter **Odile*** (= qu'on félicitait Odile) : «Odile» est C.O.D. de «féliciter» et non pas du verbe «ai entendu».

● Quand le sujet de l'infinitif est placé avant le participe passé, celui-ci s'accorde en genre et en nombre avec le sujet de l'infinitif :

*la **cantatrice** que j'ai entend**ue** chanter :* «cantatrice» est sujet de l'infinitif et précède le participe passé «entendu» : il y a donc accord ; j'ai entendu qui ? la cantatrice, représentée par «que». Elle chantait.

Au contraire, dans : *la romance que j'ai entend**u** chanter,* «que», mis pour «romance», n'est pas sujet mais C.O.D. de «chanter». Dans ce cas, «entendu» reste invariable.

▮ PRÉCÉDÉ DU PRONOM «EN»

Le participe passé conjugué avec l'auxiliaire «avoir» reste invariable si le complément d'objet direct qui précède est le pronom **en** :

*J'ai cueilli des fraises dans le jardin et j'**en** ai mang**é*** (= j'ai mangé une partie des fraises).

▮ PRÉCÉDÉ DU PRONOM «L'» REPRÉSENTANT UNE PROPOSITION

Le participe passé conjugué avec «avoir» qui a pour complément d'objet direct le pronom neutre «l'» (représentant toute une proposition) reste invariable :

*La journée fut plus belle qu'on ne l'avait espér**é*** : «l'», C.O.D. de «avait espéré», représente la proposition «la journée fut plus belle» (= le fait que la journée...).

▮ VERBES INTRANSITIFS

Les participes passés **couru, coûté, pesé, valu, vécu** restent invariables quand ils sont employés au sens propre. Ils sont intransitifs :

*La somme importante qu'a coût**é** ce pardessus :* sens propre ; pas d'accord car il n'y a pas de C.O.D. (on ne peut dire : a coûté quoi ? mais : a coûté combien ? «somme» est C.C. de prix) ;

*Les vingt minutes que nous avons cour**u** :* sens propre ; pas d'accord car il n'y a pas de C.O.D. (on ne peut dire : couru quoi ? mais : couru pendant combien de minutes ? «minutes» est C.C. de temps).

ATTENTION

Employés au sens figuré, ces verbes sont transitifs et s'accordent avec le complément d'objet direct qui les précède :

*Les **efforts qu'**a coût**és** cet examen :* sens figuré ; accord car cet examen a coûté quoi ? des efforts («efforts» est C.O.D.) ;

*Les **dangers que** nous avons cour**us** :* sens figuré ; accord car nous avons couru quoi ? des dangers («dangers» est C.O.D.).

▨ VERBES IMPERSONNELS

Le participe passé des verbes impersonnels ou pris impersonnellement reste toujours invariable :

> *Les deux jours **qu'**il a neig**é** :* «qu'», mis pour «jours», est C.C. de temps de «a neigé» ;
>
> *Les accidents nombreux **qu'**il y a **eu** cet été :* «qu'», mis pour «accidents», sujet réel de «a eu».

Participe passé conjugué avec «être»

▨ VERBES PASSIFS ET VERBES INTRANSITIFS

Conjugué avec être, le participe passé des verbes passifs et de certains verbes intransitifs s'accorde en genre et en nombre avec le sujet du verbe :

> *La* ⎯villa⎯ *a été* ⎯louée⎯ *pour un mois.*   *Les **hirondelles** sont part**ies**.*
>
>   sujet   participe
>   fém. sing. au fém. sing.

▨ VERBES ESSENTIELLEMENT PRONOMINAUX ET PRONOMINAUX À SENS PASSIF

Le participe passé des verbes essentiellement pronominaux ou des verbes pronominaux à sens passif, toujours conjugués avec l'auxiliaire «être», s'accorde en genre et en nombre avec le sujet :

> ***Ils se** sont aperç**us** de leur erreur.*   *Ces **robes se** sont bien vend**ues**.*

▨ VERBES PRONOMINAUX RÉFLÉCHIS ET RÉCIPROQUES

● Les participes passés des verbes pronominaux réfléchis et réciproques, toujours conjugués avec l'auxiliaire «être», suivent la règle des participes passés conjugués avec l'auxiliaire «avoir» et s'accordent en genre et en nombre avec le pronom réfléchi ou réciproque (**me**, **te**, **se**, **nous**, **vous**) si celui-ci est complément d'objet direct :

> *Elle **s'**est regard**ée** dans la glace :* elle a regardé qui ? «elle» (représentée par «s'»), dans la glace → «s'», pronom réfléchi, est C.O.D., il y a donc accord ;
>
> *Vous **vous** êtes batt**us** dans la rue :* vous avez battu qui ? «vous» → «vous», pronom réciproque, est C.O.D., il y a donc accord.

● Le participe passé ne s'accorde pas avec le pronom réfléchi ou réciproque si celui-ci est complément d'objet indirect ou complément d'objet second :

> *Ils se sont lav**é** les mains :* ils ont lavé les mains à qui ? à eux (représentés par «se») → «se» est C.O.S., il n'y a donc pas d'accord ;
>
> *Nous nous sommes écri**t** :* nous avons écrit à qui ? à nous (= les uns aux autres) → «nous» est C.O.S., il n'y a donc pas d'accord.

ATTENTION

Si le complément d'objet direct du verbe pronominal réfléchi ou réciproque est placé avant le participe, ce dernier s'accorde avec lui : *La jambe **qu'**il s'est tord**ue** :* «qu'», mis pour «jambe», C.O.D. de «s'est tordu» ; *Les injures **qu'**ils se sont adress**ées** :* «qu'», mis pour «injures», C.O.D. de «se sont adressé».

LES ADVERBES

L'adverbe est un mot invariable qui modifie le sens d'un adjectif, d'un verbe ou d'un autre adverbe : *Tu parles trop.* Les adverbes peuvent être des mots simples («bien», «fort», «toujours», «là»...) ou des locutions adverbiales («tout de suite», «à rebours»...). Il existe des adverbes de manière, de quantité, de lieu, de temps, d'opinion (affirmation, négation), d'interrogation. Tout comme l'adjectif, l'adverbe peut avoir des compléments.

ADVERBES DE MANIÈRE

Les adverbes de manière remplacent un complément de manière ou modifient l'action exprimée par le verbe :

    *Il agit **bien**.*   *Il chante **faux**.*   *Elle récite **par cœur**.*

Ce sont :
— des adverbes d'origine latine :   *bien, mal, mieux ;*
— des adjectifs pris comme adverbes :   *juste, faux, clair ;*
— des locutions adverbiales :   *de bon gré, à gauche ;*
— des adverbes formés avec le suffixe «-ment» à partir d'adjectifs.

REMARQUES

1. Les adverbes de manière peuvent avoir le sens d'adverbes de quantité :

    *Elle est **bien** insouciante* (= elle est très insouciante).

2. Les adverbes de manière peuvent devenir des noms :

    *On peut escompter **un léger mieux** dans son état :* «mieux», ici, est un nom précédé de l'article et accompagné d'un adjectif.

ADVERBES DE MANIÈRE EN «-MENT»

La plupart des adverbes de manière en **-ment** sont formés en ajoutant simplement le suffixe **-ment** au féminin des adjectifs :

    *heureux → heureu**se** → heureu**sement**.*

EXCEPTIONS

1. Les adjectifs terminés par **-ant** et **-ent** forment leurs adverbes en **-amment** et **-emment** : *savant → sav**amment** ; prudent → prud**emment**.*

2. Certains adjectifs forment leurs adverbes avec le suffixe **-ément** :

    *précis → précis**ément** ; profond →profond**ément**.*

3. Les adjectifs terminés par une voyelle ont souvent perdu le **-e** du féminin (parfois remplacé par un accent circonflexe) :

    *hardi → hardi**ment** ; assidu → assid**ûment** ; goulu → goul**ûment**.*

4. Certains adverbes de manière ont été faits sur des formes disparues ou sur des adjectifs qui n'existent qu'en ancien français :

bref → bri**èvement** ; **sciemment**.

5. Quelques adverbes en **-ment** sont formés sur des noms :

bête → bête**ment** ; diable → diable**ment**.

REMARQUE   Les adverbes de manière, comme les adjectifs, ont des comparatifs et des superlatifs :

Il réfléchit **plus** longuement.   Il est vêtu **très** élégamment ;
Elle va bien → elle va **mieux** → elle va **le mieux** du monde.

ADVERBES DE LIEU

Les adverbes de lieu ont le sens d'un complément circonstanciel de lieu. Ce sont des mots simples ou des locutions adverbiales :

Il chercha **partout** ses lunettes, mais ne les trouva **nulle part**.

Ils expriment :

— le lieu où l'on est
ou bien le lieu où l'on va : là, où, ici, ailleurs, à droite, à gauche, dedans, der-rière, dessous, dessus, dehors, quelque part, par-tout, en, y...

— le lieu d'où l'on vient :   d'où, d'ici, de là, de partout, d'ailleurs, de derrière...

— le lieu par où l'on passe : par où, par ici, par là, y...

REMARQUES
1. L'adverbe **ici** marque le rapprochement ; l'adverbe **là**, l'éloignement :

Ici on est à l'ombre, **là** le soleil est trop chaud.

2. L'adverbe **voici** (considéré aussi comme verbe ou comme préposition) désigne ce qui est rapproché ou ce qui suit ; **voilà**, ce qui est éloigné ou ce qui précède :

Voilà qui est fort bien dit ; **voici** maintenant ce qu'il faut faire.

3. **En** et **y** sont aussi des pronoms personnels.

ADVERBES DE TEMPS

Les adverbes de temps ont le sens d'un complément circonstanciel de temps. Ce sont des mots simples ou des locutions adverbiales, exprimant :

— la date ou le moment :   désormais, hier, aujourd'hui, demain...
— la répétition :   souvent, fréquemment, de nouveau...
— la durée :   toujours, longtemps, pendant ce temps...
— l'ordre dans les événements :   avant, après, ensuite, dès lors, alors...

REMARQUE   Plusieurs adverbes de temps peuvent avoir des comparatifs et des superlatifs : souvent, moins souvent, plus souvent, très souvent, le plus souvent.

DVERBES DE QUANTITÉ

Les adverbes de quantité indiquent une quantité ou un degré :

> Il y a **peu de** fruits cette année. Son mal est **moins** grave qu'il le dit.

Les adverbes de quantité peuvent être :
— des mots simples : *trop, suffisamment, assez, autant, aussi, si...*
— des locutions adverbiales : *à peine, à moitié, peu à peu...*

Quand ils expriment le degré, ils peuvent être suivis d'une proposition subordonnée de comparaison :

> Elle est **aussi** aimable **que l'était sa mère**.

DVERBES D'OPINION

LES ADVERBES D'AFFIRMATION

Les adverbes d'affirmation servent à exprimer, renforcer ou atténuer une affirmation. Ce sont des mots simples (**oui**, **certes**, **évidemment**...) ou des locutions adverbiales (**sans doute, peut-être**...) :

> **Oui**, j'essaierai. **Assurément** elle viendra. **Peut-être** se décidera-t-elle.

L'adverbe d'affirmation **si** s'emploie (à la place de «oui») après une question posée à la forme négative :

> N'as-tu pas compris ? — **Si**.

ATTENTION
Si peut aussi être conjonction de subordination, adverbe interrogatif, adverbe de quantité.

LES ADVERBES DE NÉGATION

Les adverbes de négation servent à exprimer la négation sous ses diverses formes. Ce sont essentiellement les adverbes **non** et **ne** (renforcés ou non par d'autres adverbes).

● **Non** peut exprimer :
— une réponse négative à une question posée à la forme affirmative : *Fait-il froid ce matin ?* **Non** ;
— le renforcement d'une négation : **Non**, je ne la recevrai pas ;
— une négation portant sur un mot : *devoir* **non** *remis* ;
— une opposition de deux groupes : *Elle l'a fait involontairement,* **non** *par intérêt.*

● **Ne... pas** est la négation usuelle : *Elle* **n'a pas** *entendu. Je* **ne** *sais* **pas**.

● **Ne... point** est la négation littéraire : *Tu* **ne** *m'as* **point** *répondu.*

● **Ne... goutte** est une négation employée dans la seule expression «n'y voir goutte» : *Il* **n'y** *voit* **goutte** *; il doit porter des lunettes.*

● **Ne... plus** signifie «ne... pas désormais» : *Il* **ne** *sort* **plus** *de chez lui.*

● **Ne... guère** signifie «ne... pas beaucoup» : *Je ne l'ai guère vu ces jours-ci.*

● **Ne... que** signifie «seulement» : *Je ne reste qu'un instant* (= je reste seulement un instant) ; *Elle ne connaît que l'anglais* (= elle connaît seulement l'anglais).

● **Ne** est parfois employé seul, sans **pas** ou **point** :
— dans certaines expressions : *Il y a plus d'un mois qu'il n'a plu. À Dieu ne plaise ! Je n'ai que faire de vos conseils. N'était votre étourderie...* (= si vous n'étiez pas étourdi) ;
— avec **aucun, personne, rien, nul, ni** : *Il ne m'a rien remis pour vous.*
— dans l'expression **que ne** signifiant «pourquoi ne pas» : *Que ne le lui aviez-vous dit ! Que ne le faites-vous !*
— souvent après **si** : *Si je ne me trompe, je l'entends ;*
— souvent avec les verbes **oser, pouvoir, savoir** : *Elle n'osait l'interrompre.*
— dans les subordonnées relatives consécutives, dont la principale est à la forme négative : *Il n'y a pas de chagrin que le temps n'adoucisse.*

ATTENTION
Ne peut être employé dans des phrases qui ne devraient pas contenir de négation car elles ont un sens affirmatif ; c'est le «ne explétif» ; il est fréquent :
— avec les verbes de crainte (phrases affirmatives ou interrogatives) : *Je crains qu'il ne vienne ; Crains-tu qu'il ne vienne ? Elle a peur qu'il ne soit trop tard ;*
— avec les verbes d'empêchement, sauf **défendre** : *Tu empêcheras qu'elle ne s'éloigne ;*
— avec les verbes de doute (phrases négatives ou interrogatives) : *Je ne doute pas qu'il ne se rétablisse ;*
— après **de peur que, avant que, à moins que** : *Préviens-la avant qu'il ne soit là ;*
— après **peu s'en faut, autre, autrement que**, ou après **que** comparatif : *Il est moins habile que je ne pensais.*

▩ LA DOUBLE NÉGATION

La double négation peut exprimer :
— une affirmation atténuée :   *Elle n'a pas dit non* (= elle a presque dit oui) ;
— une nécessité :   *Tu ne peux pas ne pas accepter*
   (= tu es obligée d'accepter) ;
— une affirmation absolue :   *Il n'est pas sans savoir*
   (= il est absolument certain qu'il sait).

ADVERBES D'INTERROGATION

Les adverbes d'interrogation introduisent des questions qui portent :
— sur le temps :   *Quand passera-t-elle nous voir ?*
— sur le lieu :   *D'où revient-il ? Où vont-elles ?*
— sur la manière :   *Comment sait-il cela ?*
— sur la cause :   *Pourquoi ne m'en a-t-elle rien dit ?*
— sur la quantité :   *Combien sont-elles ?*
— sur le prix :   *Combien veut-il de sa maison ?*

ATTENTION

Les adverbes d'interrogation **est-ce que**, dans l'interrogation directe, et **si**, dans l'interrogation indirecte, ne portent que sur l'action ou l'état exprimés par le verbe :

Est-ce qu'il est parti en voyage ?   Peux-tu me dire **si** elle est partie ?

REMARQUE   Il ne faut pas confondre **si** conjonction de subordination et **si** adverbe interrogatif, **si** adverbe de quantité et **si** adverbe d'affirmation.

LES COMPLÉMENTS DE L'ADVERBE

COMPLÉMENT DE DÉTERMINATION

Certains adverbes peuvent recevoir un complément de détermination introduit par une préposition, couramment appelé «complément de l'adverbe» :

Conformément **à ses habitudes**, elle alla se coucher tôt («habitudes» est complément de l'adverbe «conformément») ;

Il dit qu'il avait assez **de place** pour s'installer («place» est complément de l'adverbe «assez»).

COMPLÉMENT DU COMPARATIF ET DU SUPERLATIF

Les adverbes de manière ont, comme les adjectifs, des compléments du comparatif et du superlatif :

Elle va mieux **qu'hier**. Il réagit plus bêtement **que toi**.
C'est elle qui réussit le mieux **de tous**.

LES PRÉPOSITIONS

La préposition est un mot invariable qui joint un nom, un pronom, un adjectif, un infinitif ou un gérondif à un autre terme (verbe, nom, etc.) en établissant un rapport entre les deux. Dans la phrase *J'ai appris la nouvelle de sa mort par le journal,* «de» établit un rapport entre «nouvelle» et «mort» ; «par» établit un second rapport, entre «j'ai appris» et «journal». «Mort» est complément du nom «nouvelle» ; «journal», complément circonstanciel de moyen de «j'ai appris».

FORME DES PRÉPOSITIONS

Les prépositions peuvent être :

— des mots simples :
à, après, avant, avec, chez, contre, de, depuis, derrière, dès, devant, en, entre, envers, outre, par, parmi, pendant, pour, près, sans, sous, sur, vers...

— d'anciens participes ou adjectifs :
attendu, concernant, durant, excepté, moyennant, passé, plein, suivant, supposé, touchant, vu...

— des locutions prépositives :
à cause de, afin de, à force de, à travers, au-dessus de, auprès de, d'après, de façon à, en dépit de, faute de, grâce à, hors de, jusqu'à, loin de, par rapport à...

RÔLE DES PRÉPOSITIONS

La préposition peut introduire un complément :

— du nom : *Elle est docteur **en médecine*** : «médecine», compl. du nom «docteur» ;

— du pronom : *Aucun **de ses amis** n'est là* : «amis», compl. du pronom «aucun» ;

— de l'adjectif : *Ce médicament est mauvais **au goût*** : «goût», compl. de l'adjectif «mauvais» ;

— d'objet indirect : *Elle se souvenait **de son enfance*** : «enfance», C.O.I. de «se souvenait» ;

— circonstanciel : *Il a été blessé **à la tête*** : «tête», C.C. de lieu de «a été blessé».

ATTENTION

La préposition introduit aussi des mots qui ne sont pas compléments mais qui sont :

— sujet réel : *Il est utile **d'étudier*** : «étudier», sujet réel de «est utile» ;

— attribut : *Je le tiens **pour un homme honnête*** : «homme honnête», attribut du C.O.D. «le» ;

— épithète : *Y a-t-il quelque chose **de nouveau** ?* «nouveau», épithète de «quelque chose» ;

— apposition : *Connaissez-vous l'île **de Ré** ?* «Ré», apposition à «île».

SENS DES PRÉPOSITIONS

● Certaines prépositions n'expriment qu'un seul rapport et introduisent une seule sorte de complément, par exemple :

— **durant** introduit toujours un C.C. de temps : ***Durant toute sa vie**, il a vécu ici ;*

— **parmi** introduit toujours un C.C. de lieu pluriel : *Choisis **parmi ces livres**.*

● D'autres prépositions peuvent établir plusieurs rapports :

— **avec** → C.C. d'accompagnement : *Elle sort tous les jours **avec son chien** ;*
  → C.C. de manière : *J'avançais **avec prudence** ;*
  → C.C. de moyen : *Ils ouvrirent **avec le double** de leur clé ;*
  → C.C. de temps : *Elle se lève **avec le jour**.*

— **dans** → C.C. de lieu : *Il se repose **dans sa chambre** ;*
  → C.C. de temps : *Elles viendront **dans trois jours** ;*
  → C.C. de manière : *Elle vit **dans une certaine aisance**.*

● D'autres, enfin, établissent de multiples rapports et jouent des rôles très variés ; ce sont ce qu'on appelle des «mots-outils» ; voici quelques exemples des fonctions qu'ils peuvent introduire :

— **par** → C.C. de lieu : *Nous sommes passés en voiture **par Ottawa** ;*
  → C.C. de temps : *Elle se baigne **par tous les temps** ;*
  → C.C. de moyen : *Nous sommes allés à Lyon **par avion** ;*
  → C.C. de cause : *Il agit toujours **par intérêt** ;*
  → C.C. de manière : *La bijouterie a été attaquée **par surprise** ;*
  → complément d'agent : *Elle a été nommée **par le ministre**.*

— **de** → C.O.I : *J'use **de mon droit** ;*
  → C.C. de lieu : *Nous arrivons **de Dakar** ;*
  → C.C. de temps : *Elle travaille **de deux heures** à six heures ;*
  → C.C. de cause : *Elle meurt **de faim** ;*
  → C.C. de manière : *Elle cite tous ses textes **de mémoire** ;*
  → C.C de moyen : *Elle me fit signe **de la main** ;*
  → complément du nom : *Il monte une salle **de spectacle**.*

— **à** → C.O.I. : *Il a assisté indifférent **à cet incident** ;*
  → C.C. de lieu : *Nous allons **à Rome** ;*
  → C.C. de but : *Il tend **à la perfection** ;*
  → C.C. de moyen : *Je pêche **à la ligne** ;*
  → C.C. de manière : *Tu te portes **à merveille** ;*
  → C.C. de prix : *Ces places sont **à moitié prix**.*

ATTENTION

Les prépositions **à** et **de** se contractent avec l'article défini (voir «L'article», p. 59).

RÉPÉTITION DES PRÉPOSITIONS

Quand plusieurs compléments du même mot sont coordonnés ou juxtaposés, les prépositions se répètent en général devant chaque complément. Mais l'usage n'est pas rigoureux :

> *Elle me reçut* **avec** *amabilité* **et** *même* **avec** *une certaine satisfaction ;*
> *Elle me reçut* **avec** *amabilité* **et** *même une certaine satisfaction.*

ATTENTION

Les prépositions **à, de, en** ne se répètent pas :

— dans les locutions toutes faites : **En** *mon âme et conscience, je le crois coupable ;*

— quand les divers compléments désignent le même être ou la même chose ou forment un ensemble : *Je m'adresse* **au** *collègue et ami ; Il a écrit* **à** *ses amis et connaissances ;*

— lorsque des adjectifs numéraux sont coordonnés par **ou** : *La tour s'élève* **à** *trois cents* **ou** *trois cent dix mètres ;*

— dans les énumérations dont l'ensemble forme un groupe : *La pièce est* **en** *cinq actes et dix tableaux.*

Les CONJONCTIONS

La conjonction est un mot ou une locution invariable qui sert à relier deux éléments. Si elle lie deux mots, c'est une conjonction de coordination, comme «et» dans *aller et venir* ou *des roses et des œillets*. Si elle lie deux propositions, c'est une conjonction de coordination quand les deux propositions sont de la même espèce (par exemple, deux relatives) ; c'est une conjonction de subordination si elle unit une subordonnée à une autre proposition, dont elle dépend.

LES CONJONCTIONS DE COORDINATION

Les conjonctions de coordination servent à relier entre eux des éléments en principe de même nature (noms et pronoms, adjectifs, adverbes, verbes, propositions) et de même fonction (sujet, complément, attribut, épithète, etc.). Il existe sept conjonctions de coordination, qui ont chacune leur valeur :

et = liaison, addition :
*Mes neveux **et** ma nièce sont partis en vacances ;*

ou = alternative :
*Il faut persévérer **ou** renoncer tout de suite ;*

ni = liaison, alternative négative :
*Il ne veut **ni** ne peut accepter* (= et ne peut) ;
*L'homme n'est **ni** ange **ni** bête ;*

mais = opposition :
*Ils ne sont pas là, **mais** il n'est que huit heures ;*

or = argumentation ou transition :
*Tous les hommes sont mortels, **or** Socrate est un homme, donc Socrate est mortel ;*

car = explication :
*Ferme la fenêtre, **car** il y a un courant d'air ;*

donc = conséquence, conclusion :
*L'heure du train est proche, nous allons **donc** vous quitter.*

REMARQUE Certains adverbes peuvent jouer le rôle de conjonctions de coordination ; ils expriment :
— l'alternative : *soit... soit, tantôt... tantôt ;*
— l'opposition : *cependant, pourtant, néanmoins, toutefois, au reste, en revanche, d'ailleurs ;*
— l'explication : *en effet, c'est-à-dire ;*
— la conséquence : *c'est pourquoi, aussi, partant, par conséquent, par suite ;*
— la conclusion : *enfin, ainsi, en bref ;*
— le temps : *puis, ensuite.*

LES CONJONCTIONS DE SUBORDINATION

Les conjonctions de subordination relient une proposition subordonnée à une autre proposition dont elle dépend, en particulier à une principale. Ces conjonctions expriment :

— la cause → **parce que, puisque**, etc. : *Puisque vous le voulez, je sors ;*

— le but → **afin que, pour que, de peur que** : *Enlevez cette pierre, de peur qu'on ne bute contre elle ;*

— le temps → **quand, lorsque, dès que, avant que**, etc. : *Quand elle sera là, dites-le-moi ; Dès qu'il fera jour, nous partirons ; Avant qu'elle parte, prévenez-le ;*

— la concession → **bien que, quoique** : *Bien que cet échec fût grave, elle ne se découragea pas ;*

— la condition → **si, pourvu que, pour peu que** : *Je serai heureux d'accepter votre invitation, pourvu que ma présence ne soit pas pour vous une gêne ;*

— la comparaison → **de même que, comme** : *Comme nous l'avions pensé, le chemin était très dur ;*

— la conséquence → **tellement que, tant que** : *J'ai tellement crié que je suis enroué.*

▪▪ PARTICULARITÉS
DE CERTAINES CONJONCTIONS DE SUBORDINATION

● **Que** est une conjonction de subordination qui peut introduire :

— une subordonnée complétive :	*Chacun espère que vous reviendrez ;*
— une subordonnée de cause :	*Il se tait, non qu'il ignore les faits, mais par discrétion (= parce qu') ;*
— une subordonnée de but :	*Cachons-nous ici qu'on ne nous voie pas (= afin qu') ;*
— une subordonnée de temps :	*Elle dormait encore que j'étais déjà loin (= lorsque) ;*
— une subordonnée de condition :	*Qu'on m'approuve ou qu'on me blâme, j'irai (= même si) ;*
— une subordonnée de comparaison :	*Il est plus âgé qu'il ne paraît ;*
— une subordonnée de conséquence :	*Elle riait, que c'était un plaisir de la voir (= de sorte que).*

REMARQUES

1. **Que** peut se substituer à toute autre conjonction de subordination dans une subordonnée coordonnée à une autre :

Comme il était tard et **que** tous avaient faim, on leva la séance.

De même **quand**... et **que**... ; **si**... et **que** ; **lorsque**... et **que**....

2. Il ne faut pas confondre **que** conjonction de subordination et **que** pronom relatif (*le livre que je lis*), **que** pronom interrogatif (*Que dit-elle ?*) et **que** adverbe de quantité (*Que c'est beau !*).

● **Comme** peut être une conjonction de subordination qui introduit :

— une subordonnée de cause : *Comme il pleut, nous restons (= puisqu') ;*

— une subordonnée de comparaison : *Il est mort **comme** il a vécu ;*
— une subordonnée de temps : *Nous sommes arrivés juste **comme** elle partait* (= quand).

ATTENTION

Comme peut aussi être un adverbe de quantité : *Comme il est intelligent !*

● **Si**, conjonction de subordination, exprime la condition, l'hypothèse : ***Si** vous veniez, je serais heureux.*

REMARQUE Dans d'autres cas, **si** peut être :
— adverbe interrogatif : *Demandez-lui **s'**il nous accompagnera ;*
— adverbe de quantité : *Je ne suis pas **si** étourdie que vous le dites ;*
— adverbe d'affirmation : *Ne viendrez-vous pas ? — **Si** !*

LES INTERJECTIONS

L'interjection est un mot invariable qui sert à exprimer une émotion, un ordre ou un bruit :
Oh! le magnifique tableau.
Hé! vous, là-bas, approchez!
Et patatras! le voilà à terre.
Bravo! elle a réussi.

L'interjection n'a pas de relation avec les autres mots de la phrase et n'a pas de fonction grammaticale. Elle est suivie d'un point d'exclamation (!) ou parfois d'un point d'interrogation (?).

LES DIVERSES INTERJECTIONS

● L'interjection peut être un mot simple exprimant :

la surprise	**oh! ah?**	le mépris	**fi!**
la douleur	**aïe!**	un avertissement	**gare!**
le doute	**bah!**	la demande d'explication	**hein?**
l'insouciance	**baste!**	le regret	**hélas!**
l'approbation	**bravo!**	l'hésitation	**heu!**
le besoin de silence	**chut!**	le dégoût	**pouah!**
l'appel	**eh! hé! ho! allô?**		

● Les locutions interjectives sont formées de plusieurs mots :

> ***eh bien!*** (demande ou exaspération); ***tout beau!*** (apaisement); ***en avant!*** (encouragement); ***juste ciel! mon Dieu!*** (stupeur); ***fi donc!*** (mépris); ***au secours!*** (appel à l'aide).

● Des mots (noms, verbes, etc.) sont accidentellement interjections, par exemple :

alerte!	= appel	**halte!**	} = ordre
allons! }	= encouragement	**silence!**	
courage! }		**miséricorde!**	= effroi
ciel!	= stupeur	**attention!**	= mise en garde
diable!	= surprise		

● Des onomatopées reproduisent certains bruits :

> *pan!, vlan!, clic!, clac!, patatras!, pif!, paf!, cric!, crac!, bang!*

REMARQUE Les formules de salutation sont considérées comme des interjections :
> *Bonsoir, au revoir, adieu, bonjour, salut, à bientôt.*

DE LA PHRASE AU TEXTE

LES PROPOSITIONS

Une phrase est faite d'une ou de plusieurs propositions. Chaque proposition contient en principe un groupe du nom et un groupe du verbe, c'est-à-dire un nom sujet accompagné de déterminants, de compléments, ou un pronom sujet, un verbe accompagné de compléments ou d'un attribut.

Il y a autant de propositions dans une phrase que de verbes à un mode personnel (indicatif, conditionnel, subjonctif et impératif).
Une phrase est dite «simple» quand elle ne contient qu'une proposition ; elle est dite «complexe» quand elle contient plusieurs propositions.

LES PROPOSITIONS INDÉPENDANTES

Dans une phrase, une proposition est dite «indépendante» :

— lorsqu'elle exprime une idée complète qui se suffit à elle-même ;

— qu'elle ne dépend grammaticalement d'aucune autre proposition (même si son sens ne s'explique qu'en fonction d'autres propositions) ;

— et qu'aucune proposition ne dépend d'elle :

   Cette nouvelle lui avait rendu courage : proposition indépendante.

Cette phrase ne contient qu'une proposition, qui comporte un verbe («avait rendu»), un sujet («cette nouvelle») et un complément («courage»).

▒ COORDINATION ET JUXTAPOSITION DES PROPOSITIONS INDÉPENDANTES

Il peut y avoir plusieurs propositions indépendantes dans une phrase ; elles sont dites «coordonnées» quand elles sont réunies par une conjonction de coordination, et «juxtaposées» quand elles ne sont liées entre elles par aucun mot de liaison :

Cette nouvelle lui avait rendu courage	*et*	*il reprenait confiance.*
prop. indépendante	conj. de coordination	prop. indépendante coordonnée à la 1re

Cette nouvelle lui avait rendu courage	*;*	*il reprenait confiance.*
prop. indépendante	ponctuation	prop. indépendante juxtaposée

PRINCIPALE ET SUBORDONNÉE

Deux propositions peuvent être liées entre elles non par une conjonction de coordination, mais par une conjonction de subordination, un pronom relatif ou un mot interrogatif.

On appelle proposition «subordonnée» celle qui commence par une conjonction de subordination, un pronom relatif ou un mot interrogatif, et proposition «principale» celle qui est ainsi complétée par une ou plusieurs subordonnées :

Elle avait retrouvé le courage	dont elle avait fait preuve jusqu'alors.
prop. principale	prop. subordonnée

COORDINATION ET JUXTAPOSITION
DES PRINCIPALES ET DES SUBORDONNÉES

Deux ou plusieurs propositions principales (ou subordonnées) peuvent être juxtaposées ou coordonnées comme des propositions indépendantes :

> Lorsque les enfants **furent montés** dans la voiture, || que chacun **se fut bien installé**, || Sylvain **s'aperçut** || qu'il **avait oublié** la valise || et **dut remonter** quatre à quatre.

Lorsque les enfants furent montés dans la voiture,	proposition subordonnée conjonctive ;
que chacun se fut bien installé	proposition subordonnée conjonctive juxtaposée à la précédente ;
Sylvain s'aperçut	proposition principale ;
qu'il avait oublié la valise	proposition subordonnée conjonctive ;
et dut remonter quatre à quatre.	proposition principale coordonnée à Sylvain s'aperçut.

LES FORMES
DES INDÉPENDANTES ET DES PRINCIPALES

Les indépendantes et les principales peuvent être :
— affirmatives ou négatives : **Je n'ai rien aperçu** || qui fût inquiétant ;
— interrogatives : **Qu'as-tu vu** || qui puisse te troubler **?**
— exclamatives : **Quelle émotion a été la nôtre** || quand nous l'avons revu **!**
— incises ou intercalées : Je vous invite, || **dit-elle,** || à venir dîner chez nous.

LES PROPOSITIONS ELLIPTIQUES

Une proposition comporte en principe un verbe et un sujet.
Quand le verbe ou le sujet ne sont pas exprimés, les propositions indépendantes, principales ou subordonnées sont dites «elliptiques».

● **Ellipse du sujet dans les phrases coordonnées et juxtaposées, dans les impératifs, etc.**

Il s'arrêta, puis repartit sans mot dire.   *Viens par ici.*

prop. indépendante elliptique
(le sujet «il» n'est pas exprimé).

● **Ellipse du verbe dans les réponses à des questions, dans les ordres, etc.**

Lui avez-vous donné rendez-vous ? Oui, demain à quatre heures ;

prop. indépendante elliptique
(«je lui ai donné rendez-vous» n'est pas exprimé).

Regardez l'inscription ; on y lit : «Défense d'afficher».

prop. indépendante elliptique

Dans cette proposition, le verbe n'est pas exprimé (il est fait défense d'afficher) ; on appelle aussi parfois ce type de proposition «phrase nominale».

● **Ellipse du verbe dans les subordonnées de comparaison**

Il pense comme moi.

prop. subordonnée
elliptique
(«je pense» n'est pas exprimé :
comme moi je pense)

REMARQUE   On peut aussi considérer que cette phrase ne comprend qu'une proposition et analyser «moi» comme un complément de comparaison de «pense».

ATTENTION

Il ne faut pas confondre les propositions elliptiques avec :

— les propositions interrompues (suivies de points de suspension) :

Si jamais tu touches à mes papiers...

— les phrases exclamatives :

Ô rage ! ô désespoir ! ô vieillesse ennemie ! (Corneille)

— les mots mis en apostrophe :

Les petits, *venez !*

— les interjections :

Attention ! *vous allez trop vite.*

LES SUBORDONNÉES

La proposition subordonnée (ou, simplement, la subordonnée) complète ou modifie le sens de la proposition (principale ou subordonnée) dont elle dépend. Dans la phrase *Je l'ai rencontré alors que je sortais* *de chez moi,* il y a deux propositions : *je l'ai rencontré,* proposition principale ; *alors que je sortais de chez moi,* proposition subordonnée qui ajoute une idée de temps à la proposition principale.

LA NATURE DES SUBORDONNÉES

La proposition subordonnée peut être introduite par un pronom relatif, une conjonction de subordination ou un interrogatif (adverbe, pronom, adjectif) ; on distingue donc :

— la subordonnée relative :

Je n'ai pas lu le livre ‖ **dont vous me parlez** : «dont», pronom relatif, introduit la subordonnée relative ;

— les subordonnées complétive et circonstancielle :

Il raconte ‖ **qu'il a été le témoin d'un terrible accident** : la conjonction «que» introduit la subordonnée complétive ;

Elle est arrivée **alors qu'on ne l'attendait plus** : la conjonction «alors que» introduit la subordonnée circonstancielle ;

— la subordonnée interrogative indirecte :

Je lui disais ‖ **combien cette dent me faisait souffrir** : l'adverbe interrogatif «combien» introduit la subordonnée interrogative indirecte.

Il arrive que les subordonnées ne soient introduites par aucun mot subordonnant (conjonction, relatif, mot interrogatif). C'est le cas des propositions infinitive et participiale (voir plus loin).

LA FONCTION DES SUBORDONNÉES

Les subordonnées ont une fonction, qui dépend de leur nature et du rôle qu'elles jouent dans la phrase :

— les subordonnées relatives sont compléments du nom ou du pronom antécédents ;

— les subordonnées conjonctives peuvent être sujet, attribut, complément d'objet, complément circonstanciel.

133

LES SUBORDONNÉES RELATIVES

La subordonnée relative (ou la relative) est introduite par un pronom relatif. Elle complète un nom ou un pronom exprimé dans la proposition qui précède, et que l'on appelle «antécédent». Dans la phrase *J'allais contempler le soleil qui se couchait sur la mer,* «soleil» est l'antécédent ; «qui» introduit la relative.

LA FONCTION DES RELATIVES

La subordonnée relative est complément de l'antécédent :

> *Cadet Rousselle a trois maisons*
> ***Qui n'ont ni poutres ni chevrons*** *:* relative complément de l'antécédent «maisons».

ATTENTION
L'antécédent peut ne pas être exprimé. Le relatif a alors un sens indéfini (= quiconque) :

> ***Qui agit ainsi*** *est digne de mon estime :* «qui agit ainsi» : subordonnée relative, complément de l'antécédent «celui», non exprimé.

REMARQUE   Cette proposition peut aussi être interprétée comme sujet du verbe principal «est».

LE MODE DANS LES RELATIVES

- La subordonnée relative est généralement à l'indicatif :
  > *On était suffoqué par une odeur* ‖ ***qui prenait*** *à la gorge.*

- Elle est au subjonctif :
— quand elle exprime le but :
  > *Trouvez un ami* ‖ ***qui devienne*** *votre confident* (= pour devenir) ;

— quand elle indique la conséquence :
  > *Il n'était pas de visage* ‖ ***qui exprimât*** *mieux la bonté* (= tel qu'il pût mieux exprimer la bonté) ;

— après **le seul**, **le dernier**, **le premier** ou un superlatif relatif :
  > *Vous êtes le seul* ‖ ***à qui je puisse*** *demander ce service.*

- Elle est au conditionnel quand elle exprime la possibilité :
  > *La personne* ‖ ***qui le rencontrerait*** ‖ *devrait aussitôt le prévenir.*

REMARQUE   Une relative peut aussi être à l'infinitif :
  > *Je ne voyais alors personne* ‖ ***à qui demander*** *ma route.*

134

LES COMPLÉTIVES

On appelle «subordonnées complétives» (ou, simplement, «complétives») les subordonnées qui jouent le rôle de complément d'objet ou de sujet du verbe principal, ou d'attribut du sujet de ce verbe.

Elles peuvent être introduites par une conjonction, par un mot interrogatif (complétives interrogatives indirectes), ou être construites sans aucun mot subordonnant (complétive à l'infinitif).

LA COMPLÉTIVE SUJET

Une complétive introduite par la conjonction **que** peut être sujet réel d'un verbe impersonnel (ou d'une locution verbale ayant le sens d'un verbe impersonnel). Elle répond à la question «qu'est-ce qui ?»

> *Il est vraisemblable* || ***qu'il sera reçu à son examen*** : qu'est-ce qui est vraisemblable ? «qu'il sera reçu à son examen», complétive, sujet réel de «est vraisemblable» ;
>
> ***Qu'elle vienne demain*** || *me surprendrait :* «qu'elle vienne demain», sujet de «surprendrait».

LA COMPLÉTIVE COMPLÉMENT D'OBJET

Une complétive introduite par la conjonction **que** peut être complément d'objet du verbe de la proposition principale. Elle répond à la question «quoi ?». On la trouve après les verbes de :

— déclaration (*dire*) :	*Elle affirme* || ***que tout est en ordre*** ;
— opinion (*penser*) :	*Elle estime* || ***qu'il faut le prévenir*** ;
— perception (*entendre*) :	*Tu vois* || ***que ton devoir est de rester*** ;
— volonté (*vouloir*) :	*Je veux* || ***qu'on soit sincère*** ;
— ordre et défense (*ordonner*) :	*J'interdis* || ***qu'on lui parle*** ;
— empêchement (*empêcher*) :	*Elles ont empêché* || ***qu'elle me rejoignît*** ;
— crainte (*craindre*) :	*Je crains* || ***qu'elle ne puisse pas accepter***.

LA COMPLÉTIVE ATTRIBUT

Une complétive introduite par **que** peut être l'attribut du sujet d'une proposition principale après des expressions telles que : **l'ennui est, le malheur est, le fait est** :

> *La vérité est* || ***qu'il a fait face à la situation avec détermination*** : la complétive «qu'il a fait face à la situation avec détermination» est attribut du sujet «vérité».

MODE DES COMPLÉTIVES SUJET OU OBJET

Les complétives sujet ou objet sont généralement à l'indicatif :

Il est vrai ‖ *qu'ils se sont* parfaitement **entendus**.

REMARQUES

1. Les complétives sujet ou objet sont souvent au subjonctif quand la proposition principale est négative ou interrogative :

Il **n'est** *pas* vrai ‖ *qu'ils se* **soient** *parfaitement* **entendus**.
Est-il imaginable ‖ *qu'elle ne* **réussisse** *pas son examen* **?**

2. Les complétives sujet ou objet sont au subjonctif après les verbes exprimant un désir, un doute, une crainte, une volonté :

Je désire ‖ *qu'elle* **revienne**.

LES COMPLÉTIVES À L'INFINITIF

Les verbes **voir**, **regarder**, **entendre**, **sentir** et **laisser** (plus rarement **dire**, **croire** et **savoir**) peuvent être suivis d'une subordonnée complément d'objet, dont le verbe à l'infinitif est accompagné d'un sujet :

J'entends ‖ ***Pierre chanter dans la pièce voisine*** *:* l'infinitif «chanter» a pour sujet «Pierre» ; «Pierre chanter dans la pièce voisine» est une subordonnée infinitive complément d'objet de «entends» ;

Nous regardions ‖ ***le soleil se coucher*** *:* l'infinitif «se coucher» a pour sujet «soleil» ; «le soleil se coucher» est une subordonnée infinitive.

ATTENTION

Pour qu'il y ait proposition infinitive, il faut que l'infinitif ait un sujet exprimé qui soit en même temps complément d'objet direct du verbe de la proposition principale. Ainsi, dans l'exemple suivant : *J'entendais chanter dans la pièce voisine*, il n'y a pas de proposition infinitive ; «chanter» est un infinitif sans sujet, et qui est complément d'objet direct de «entendais», comme l'est «un chant» dans la phrase : *J'entendais un chant dans la pièce voisine*.

LES SUBORDONNÉES INTERROGATIVES

Une indépendante, ou une principale, peut être de forme interrogative. Elle commence alors par un mot interrogatif (pronom, adjectif, adverbe) ou comporte une inversion, et elle est suivie d'un point d'interrogation : *Pourquoi n'êtes-vous pas venu ?* (proposition indépendante interrogative) ; *Comment a-t-elle pu oublier* (proposition principale interrogative) *ce que je lui avais dit* (proposition subordonnée).

L'INTERROGATION INDIRECTE

La question, au lieu d'être posée directement, peut l'être par l'intermédiaire d'un verbe comme **demander, savoir, ignorer**, etc. La proposition devient alors une subordonnée interrogative indirecte, commençant par un mot interrogatif (adjectif, pronom, adverbe). Elle n'est pas suivie d'un point d'interrogation :

Je lui ai demandé ‖ ***s'il avait été malade*** : «s'il avait été malade», proposition subordonnée interrogative indirecte, introduite par l'adverbe interrogatif «s'» («si» élidé) ;

Dis-moi ‖ ***qui tu hantes***, je te dirai ‖ ***qui tu es*** : «qui tu hantes» et «qui tu es», propositions subordonnées interrogatives indirectes, introduites par le pronom interrogatif «qui».

FONCTION DES

SUBORDONNÉES INTERROGATIVES INDIRECTES

La subordonnée interrogative indirecte est complément l'objet, ou plus rarement sujet, de la principale :

Je voudrais bien savoir ‖ ***quel était ce jeune homme, Si c'est un grand seigneur et*** ‖ ***comment il se nomme*** (livret de *Faust,* opéra de Gounod) : «quel était ce jeune homme, Si c'est un grand seigneur, comment il se nomme» sont des interrogatives indirectes, complément d'objet de «savoir» ;

Quelle est son intention ‖ reste un mystère pour nous : «Quelle est son intention», interrogative indirecte, sujet de «reste».

Les interrogatives indirectes sont souvent introduites par l'adverbe interrogatif **si**, qu'il ne faut pas confondre avec la conjonction de subordination **si**, introduisant une subordonnée conditionnelle.

MODE DE L'INTERROGATION INDIRECTE

La subordonnée interrogative indirecte peut être à différents modes selon la phrase :

— indicatif :   *Nous ne savons pas* || **quand nous le verrons** ;
— conditionnel : *Je me demande* || **qui pourrait m'aider à repeindre** ;
— infinitif :   *Elle ne sait* || **à qui s'adresser**.

LES SUBORDONNÉES CIRCONSTANCIELLES

Les subordonnées circonstancielles indiquent les circonstances qui entourent, précisent, déterminent, motivent ou expliquent l'action.

Elles peuvent être des subordonnées conjonctives, commençant par une conjonction de subordination, ou des subordonnées participiales.

LES FONCTIONS SYNTAXIQUES DES CIRCONSTANCIELLES

Les subordonnées circonstancielles jouent le même rôle syntaxique et ont les mêmes fonctions que les compléments circonstanciels :

Je suis arrivé quand le spectacle commençait
subordonnée
circonstancielle de temps

Cette subordonnée pourrait être remplacée par un C.C. de temps : *au début du spectacle.*

LES TYPES DE SUBORDONNÉES CIRCONSTANCIELLES

● On distingue sept sortes de subordonnées circonstancielles. Elles expriment :
— le temps : subordonnée de temps, appelée aussi «temporelle» ;
— la cause : subordonnée de cause (causale) ;
— le but : subordonnée de but (finale) ;
— la conséquence : subordonnée de conséquence (consécutive) ;
— la concession ou l'opposition : subordonnée de concession (concessive) ;
— la condition : subordonnée de condition (conditionnelle) ;
— la comparaison : subordonnée de comparaison (comparative).

● Certaines subordonnées se classent mal dans une de ces sept sortes de subordonnées circonstancielles. On peut alors parler de :
— subordonnées de manière, introduites par **comme, sans que** :

Faites‖ **comme vous pourrez.** Il s'est absenté‖ **sans que je le sache** ;

— subordonnées d'addition, introduites par **outre que, sans compter que** :

Outre que c'est cher, ‖ c'est d'une qualité médiocre ;

— subordonnées d'exception, introduites par **sauf que, excepté que** :

Vous avez raison, ‖ **sauf que votre hypothèse est peu probable**.

REMARQUE On peut aussi interpréter comme des subordonnées circonstancielles de lieu des propositions introduites par **où** relatif sans antécédent fonctionnant comme adverbe : *Qu'il aille* ‖ **où il voudra**.

LES SUBORDONNÉES DE TEMPS

La subordonnée de temps indique les circonstances qui précèdent, suivent ou accompagnent l'action de la principale. Elle répond aux questions *quand ?, depuis quand ?*, etc. :	*Quand le chat n'est pas là, les souris dansent.* Les souris dansent quand ? «Quand le chat n'est pas là» : subordonnée conjonctive, complément de temps de «dansent».

LES DIVERSES FORMES

L'action indiquée dans la principale peut se produire avant (antériorité), après (postériorité) ou pendant (simultanéité) l'action exprimée par le verbe de la proposition subordonnée.

Les subordonnées de temps peuvent être à l'indicatif ou au subjonctif, suivant la conjonction qui les introduit.

conjonctions	modes	exemples
avant que, jusqu'à ce que, en attendant que	subjonctif	***Avant que** le jour **fût levé**, || les chasseurs partirent avec leurs chiens.*
après que, sitôt que	indicatif	***Après que** vous **aurez sonné** à la porte trois fois, || on vous ouvrira.*
tandis que, tant que, pendant que, comme	indicatif	***Tant que** la pluie **tombera**, || nous ne pourrons sortir.*
lorsque, quand, alors que	indicatif	***Lorsque** l'accident se **produisit**, || elle traversait la rue.*
dès que, depuis que, aussitôt que	indicatif	***Dès** que vous **aurez terminé**, || vous me préviendrez.*

LES AUTRES EXPRESSIONS DU TEMPS

L'idée de temps peut être exprimée aussi par :

● **un nom** complément circonstanciel de temps introduit par les prépositions «avant», «après», «dès», «depuis», etc., ou sans préposition :

Il est debout | chaque matin | | dès 6 heures |.

C.C. de temps
sans préposition

C.C. de temps
avec préposition

● **un infinitif** complément circonstanciel de temps introduit par les prépositions «avant de», «après», «au moment de», etc. :

***Au moment de partir**, un incident nous retarda.*

LES SUBORDONNÉES DE CAUSE

La subordonnée de cause indique la raison pour laquelle s'accomplit l'action exprimée dans la principale (ou dans la proposition dont cette subordonnée dépend). Elle répond à la question : «pourquoi», «à cause de quoi ?»

Allez jouer dans le jardin puisque la pluie a cessé. «Puisque la pluie a cessé», proposition subordonnée conjonctive, complément de cause de «allez jouer».

LES DIVERSES FORMES

conjonctions	modes	exemples
parce que, puisque, comme, vu que, attendu que, sous prétexte que, du moment que, outre que	indicatif ou conditionnel	**Comme tu as faim,** ‖ prends cette tartine de confiture. On l'a arrêté ‖ **sous prétexte qu'il aurait jeté des pierres.**
non que, non pas que, ce n'est pas que	subjonctif	**Ce n'est pas que je veuille vous renvoyer,** ‖ cependant il se fait tard ‖ et la nuit va tomber.

LES AUTRES EXPRESSIONS DE LA CAUSE

L'idée de cause peut être exprimée aussi par :

● **un nom** complément circonstanciel de cause, avec les prépositions ou locutions prépositives «à», «de», «pour», «grâce à», «en raison de», «faute de», «sous prétexte de», etc. :

Faute de patience, *elle ne réussit pas à le calmer ;*
C.C. de cause de «réussit»

● **un infinitif** complément circonstanciel de cause, avec la plupart des prépositions :

J'étais exaspéré d'avoir attendu *si longtemps ;*
C.C. de cause de «étais exaspéré»

● **un participe** apposé :

L'homme, **pressé** (= parce qu'il était pressé), *était reparti ;*

● **une relative à l'indicatif** :

Cette personne, ‖ **qui a beaucoup voyagé** (= parce qu'elle a beaucoup voyagé), ‖ *pourra vous renseigner.*

LES SUBORDONNÉES DE BUT

La subordonnée de but indique le but ou l'intention dans lesquels s'accomplit l'action exprimée dans la principale (ou dans la proposition dont cette subordonnée dépend).
Elle répond à la question : «dans quel but ?»
Afin que les choses soient bien claires, ‖ *je vous rappelle mes propositions.*
«Afin que les choses soient bien claires», subordonnée conjonctive, complément de but de «rappelle».
Le chien aboie à la porte ‖ *pour qu'on lui ouvre.*
«Pour qu'on lui ouvre», subordonnée conjonctive, complément de but de «aboie».

LES DIVERSES FORMES

conjonctions	modes	exemples
afin que, pour que, que	subjonctif	*Il faut vérifier chaque détail,* ‖ **afin que tout aille bien**. *Lève-toi,* ‖ **qu'on te voie**.
de crainte que, de peur que	subjonctif	*Fermez la fenêtre,* ‖ **de crainte que le petit ne prenne froid**.

LES AUTRES EXPRESSIONS DU BUT

L'idée de but peut être exprimée aussi par :

● **un nom** ou **un groupe du nom** précédé d'une préposition et complément circonstanciel de but :

*Elle est sortie **pour sa promenade quotidienne** ;*

● **un infinitif** complément circonstanciel de but, précédé des prépositions ou locutions prépositives «pour», «afin de», «en vue de», «dans la crainte de», etc. :

*Je n'avais pas répondu, **de peur de le mettre en colère**.*

ATTENTION
L'infinitif complément circonstanciel de but doit avoir le même sujet que le verbe principal ;

● **une relative au subjonctif** :

Appelez un taxi ‖ **qui me conduise à la gare** (= pour qu'il me conduise).

142

LES SUBORDONNÉES DE CONSÉQUENCE

La subordonnée de conséquence indique le résultat atteint ou possible grâce à l'action exprimée dans la proposition principale ou dans la proposition dont cette subordonnée dépend.
Elle répond à la question : «en amenant quelle conséquence, quel résultat ?»
Il agit de telle manière ‖ *que personne n'eut plus confiance en lui.*
Il agit d'une manière qui amena quel résultat ? le fait «que personne n'eut plus confiance en lui» : subordonnée conjonctive, complément de conséquence de «agit».

LES DIVERSES FORMES

conjonctions	modes	exemples
de telle sorte que, de telle manière que, au point que, si bien que	indicatif	*L'accident fut brutal,* ‖ **au point que nul ne put en établir les circonstances exactes.** *La chétive pécore s'enfla* **si bien** ‖ **qu'elle creva** (La Fontaine).
«que» annoncé dans la principale par «tel», ou par un adverbe de quantité : «si», «tant», «tellement», etc.	indicatif ou conditionnel	*Le bruit devint si intense* ‖ **que l'on dut fermer la fenêtre.** *Il pleut tant* ‖ **qu'on peut craindre une inondation.**
de façon que, sans que, en sorte que, de manière que, trop (assez)... pour que	subjonctif	*Approche,* ‖ **de façon qu'on te voie.** *Il pleut trop* ‖ **pour qu'on puisse aller se promener.**

ATTENTION

Lorsque la principale est négative ou interrogative, la proposition subordonnée de conséquence est au subjonctif.

Elle n'est pas si naïve ‖ **qu'elle n'ait pas compris l'allusion.**

LES AUTRES EXPRESSIONS DE LA CONSÉQUENCE

L'idée de conséquence peut être exprimée aussi par :

● **un infinitif** précédé des prépositions ou locutions prépositives «à», «assez... pour», «trop... pour», «de façon à», «en sorte de», «au point de», etc. :

*Elle n'est pas partie **assez** vite* pour gagner cette course ;

C.C. de conséquence
de «n'est pas partie»

● **une relative au subjonctif** :

Il est le dernier ‖ ***à qui nous puissions faire appel****.*

LES SUBORDONNÉES DE CONCESSION

La subordonnée de concession (dite parfois «d'opposition» ou «de restriction») indique ce qui aurait pu s'opposer à la réalisation du fait ou de l'action exprimés dans la principale. Elle répond aux questions : «en dépit de quoi ?», «malgré quoi ?»

Bien qu'il fût parti en retard, il a réussi à me rejoindre.
Il a réussi à me rejoindre en dépit de quoi ? «bien qu'il fût parti en retard», proposition subordonnée conjonctive, complément de concession de «il a réussi à me rejoindre».

LES DIVERSES FORMES

conjonctions	modes	exemples
quoique, bien que, loin que, encore que, malgré que	subjonctif	*Elle était généreuse* ‖ **quoiqu'elle fût économe.**
quelque... que, si... que, employés avec un adjectif ou un adverbe	subjonctif	**Quelque étonnant que cela paraisse,** ‖ *je ne m'aperçus de rien.*
quelque... que avec un nom placé après *quelque*	subjonctif	**Quelques objections qu'on lui opposât,** ‖ *il ne se décourageait pas.*
même si, sauf que	indicatif	**Même si ma vie était en jeu,** ‖ *je n'hésiterais pas.*
quand même, lors même que	conditionnel	**Quand bien même il aurait eu raison,** ‖ *il devait céder.*

REMARQUE Les deux derniers groupes peuvent aussi être considérés comme introduisant des propositions conditionnelles.

LES AUTRES EXPRESSIONS DE LA CONCESSION

L'idée de concession peut s'exprimer aussi par :

● **un nom** complément introduit par des prépositions comme «malgré», «en dépit de», etc. :

En dépit du sable *qui l'aveuglait, elle continua de marcher ;*
C.C. de concession
de «continua de marcher»

● **un infinitif** complément introduit par les prépositions «pour», «loin de», «au lieu de», etc. :

> Pour $\boxed{\text{être jeune}}$, elle n'en est pas moins responsable ;
>
> C.C. de concession
> de «n'est pas moins responsable»

● **une relative** à l'indicatif :

> Lui, ‖ **qui d'habitude restait froid**, ‖ s'enthousiasma (= bien qu'il restât froid).

Les subordonnées DE CONDITION

La subordonnée complément circonstanciel de condition indique à quelle condition est soumise l'action de la principale. Elle répond aux questions : «à quelle condition ?», «dans quelle hypothèse ?» *S'il n'avait pas couru si vite, il ne serait pas tombé.* Il ne serait pas tombé à quelle condition ? «S'il n'avait pas couru si vite» : proposition subordonnée conjonctive, complément de condition de «il ne serait pas tombé».

Les différentes formes

conjonctions	modes	exemples
selon que, suivant que	indicatif	*Selon que vous serez de son avis ou non,* ‖ *il vous estimera* ‖ *ou vous méprisera.*
à supposer que, pourvu que, à condition que, en admettant que, soit que... soit que, à moins que, pour peu que, que	subjonctif	Elle doit tout ignorer encore de la nouvelle, ‖ *à moins que vous n'ayez eu l'imprudence de la lui apprendre.*
au cas où	conditionnel	*Au cas où elle accepterait,* ‖ avertissez-moi.
si	indicatif	Voir tableau page suivante.

La subordonnée de condition introduite par «si»

La proposition subordonnée conditionnelle introduite par la conjonction **si** a son verbe à l'indicatif, mais le temps varie suivant le sens de la phrase et selon le mode et le temps de la proposition principale.

REMARQUE Lorsqu'une proposition subordonnée de condition introduite par «si» est suivie d'une autre subordonnée de condition qui lui est coordonnée, celle-ci est introduite par **que** et son verbe se met au subjonctif :

*S'il vient **et que** je ne **sois** pas encore **arrivé**, faites-le attendre.*

principale	subordonnée avec «si»	exemples
indicatif présent, imparfait, passé simple et passé composé, exprimant un fait réel	indicatif	*Si **tu as** quelque ennui, ‖ tu **peux** me le confier.*
indicatif futur ou impératif, exprimant un fait futur	indicatif présent	*Si je l'**apprends,** ‖ je te le **dirai.*** *Si **tu acceptes,** ‖ **téléphone**-moi.*
conditionnel présent, exprimant un fait possible dans l'avenir	indicatif imparfait	*Si je l'**apprenais** demain, ‖ je vous le **dirais.***
conditionnel présent, exprimant un fait impossible présentement	indicatif imparfait	*Si je le **savais** actuellement, ‖ je vous le **dirais.***
conditionnel passé, exprimant un fait qui n'a pu avoir lieu dans le passé	indicatif plus-que-parfait	*Si je l'**avais su,** ‖ je vous l'**aurais dit.***

LES AUTRES EXPRESSIONS DE LA CONDITION

L'idée de condition peut être exprimée par :

● **un nom** complément de condition introduit par les prépositions «sans», «avec», «selon», «sauf», «moyennant», «en cas de» :

> ***Sans votre appui,*** ‖ *il n'aurait pas réussi* (= si vous ne lui aviez pas apporté...) ;

● **un infinitif** complément de condition introduit par les prépositions ou locutions prépositives «à», «à condition de», «à moins de» :

> ***À lire ce roman,*** ‖ *on croirait tous les hommes des scélérats* (= si on lit ce roman, on croit...) ;

● **une relative** au conditionnel :

> *Celui*‖ ***qui te verrait désespérer ainsi***‖ *douterait de ton courage* (= si on te voyait...).

LES SUBORDONNÉES DE COMPARAISON

La subordonnée complément circonstanciel de comparaison établit entre la principale et la subordonnée une comparaison, un rapport de proportion, d'égalité ou d'inégalité : *Je le retrouvais aussi souriant que je l'avais connu jadis.* «Que je l'avais connu jadis» est une subordonnée complément de comparaison de «je le retrouvais aussi souriant».

LES DIFFÉRENTES FORMES

conjonctions	modes	exemples
Comparaison : de même que, ainsi que, tel que, comme	indicatif ou conditionnel	*La famille en groupe allait se promener jusqu'à la jetée,* ‖ **ainsi qu'elle le faisait chaque dimanche.**
Égalité ou inégalité : aussi... que, autant... que, plus (moins)... que, autre... que	indicatif ou conditionnel	*Lucie est aussi bavarde* ‖ **que son frère est taciturne.** *Leur amitié fut courte* **autant** ‖ **qu'elle était rare.**
Proportion : d'autant plus... que, dans la mesure... où, à mesure que	indicatif	*Nous étions* **d'autant plus** *inquiets* ‖ **que le bois devenait maintenant plus épais.**

REMARQUES

1. Les subordonnées de comparaison n'ont souvent pas de verbe exprimé ; elles sont «elliptiques» : *Cela lui semblait lointain* ‖ **comme un mauvais rêve.**

2. On appelle comparative conditionnelle la subordonnée commençant par la conjonction «comme si» : *Ses trois fils étaient vêtus tous de la même manière,* ‖ **comme s'ils avaient porté un uniforme.**

AUTRE EXPRESSION DE LA COMPARAISON

L'idée de comparaison peut être exprimée aussi par deux indépendantes juxtaposées :

Plus j'examinais les preuves retenues contre elle, ‖ *plus je la croyais innocente ;*

Autant cet enfant est turbulent à la maison, ‖ *autant il est sage en classe.*

LES SUBORDONNÉES PARTICIPIALES

| La subordonnée participiale est formée d'un participe présent ou d'un participe passé dont le sujet exprimé | ne peut être rattaché grammaticalement à aucun mot de la proposition principale. |

FORMES DES SUBORDONNÉES PARTICIPIALES

Les subordonnées participiales peuvent être au présent ou au passé :

Le beau temps revenant, ‖ *nous pourrons reprendre nos sorties :* «Le beau temps revenant», proposition participiale formée du participe présent «revenant», dont le sujet «beau temps» n'est rattaché à aucun mot de la principale.

La barrière une fois franchie, ‖ *nous nous sommes trouvés dans un jardin :* «La barrière une fois franchie» est une proposition participiale formée d'un verbe au participe passé, «franchie», dont le sujet «barrière» n'est rattaché à aucun mot de la principale.

ATTENTION
Au contraire, dans l'exemple suivant, il n'y a pas de proposition participiale :

Ayant franchi la barrière, nous nous sommes trouvés dans un jardin merveilleux : le sujet de «ayant franchi» est «nous», sous-entendu mais également sujet de la principale.

FONCTIONS DES SUBORDONNÉES PARTICIPIALES

La subordonnée participiale peut être complément circonstanciel de :

— temps :

Le silence rétabli, ‖ *l'orateur prit la parole ;*
Une fois ses mains lavées, ‖ *elle passa à table ;*

— cause :

La pluie ayant cessé, ‖ *nous avons pu reprendre notre route ;*
La fatigue venant, ‖ *elle s'endormit ;*

— concession :

Ses erreurs cependant démontrées, ‖ *il s'obstinait dans son opinion ;*

— condition :

Votre consentement une fois donné, ‖ *nous pourrions aboutir ;*
Cette erreur évitée, ‖ *l'accident ne serait pas arrivé.*

LA CONCORDANCE DE TEMPS ET DE MODE

Le temps de la subordonnée varie avec le temps et le mode de la proposition (principale ou subordonnée) dont elle dépend ; c'est ce qu'on appelle la «concordance de temps». Cette concordance peut être dictée par le sens de la phrase, par exemple pour exprimer l'antériorité par rapport au temps de la principale. Elle peut aussi n'avoir aucune relation avec le sens et être cependant obligatoire.

CONCORDANCE AU PRÉSENT

● Quand la principale est au présent ou au futur de l'indicatif, la subordonnée à l'indicatif peut être à un temps quelconque, voulu par le sens :

Je crois (présent)
- *qu'elle vient* (aujourd'hui, maintenant...) : présent
- *qu'elle est venue* (hier, l'an dernier...) : passé composé } indicatif
- *qu'elle viendra* (demain, l'an prochain...) : futur

Il verra (futur)
- *que j'ai raison* (en ce moment) : présent
- *que j'avais raison* (avant, depuis longtemps) : imparfait } indicatif

● Quand la principale est au présent ou au futur de l'indicatif, la subordonnée au subjonctif est au présent ou au passé :

Je crains (présent)
- *qu'elle ne vienne* (aujourd'hui...) : présent
- *qu'elle ne soit venue* (hier...) : passé } subjonctif

Je n'admettrai pas (futur)
- *qu'il s'absente* (en ce moment ou plus tard)
- *qu'il se soit absenté* (avant) } subjonctif

CONCORDANCE AU PASSÉ

● Quand la principale est à un temps du passé de l'indicatif ou au conditionnel, la subordonnée à l'indicatif est à l'imparfait ou au plus-que-parfait de l'indicatif. Si elle exprime le futur, elle est au futur dans le passé (formes du conditionnel présent) :

Je croyais. J'ai cru... (temps du passé)
- *qu'elle venait* (simultanéité) : imparfait
- *qu'elle était venue* (antériorité) : plus-que-parfait } indicatif
- *qu'elle viendrait* (postériorité) : futur dans le passé

● Quand la principale est à un temps passé de l'indicatif ou au conditionnel, la subordonnée au subjonctif est à l'imparfait ou au plus-que-parfait :

Je craignais,　　　　qu'il ne *vînt* (simultanéité) :　　imparfait
J'avais craint...　　　　　　　　　　　　　　　　　　　　　　　　　subjonctif
(temps du passé)　　qu'il ne *fût venu* (antériorité) :　plus-que-parfait

CAS DE NON-CONCORDANCE

Cette règle de concordance n'est pas observée :

— lorsque la subordonnée à l'indicatif ou au subjonctif a une valeur générale :

*Il **savait** || que toute vérité n'**est** pas bonne à dire ;*
*Il n'**admettait** pas || que toute vérité ne **soit** pas bonne à dire ;*

— lorsque la subordonnée au subjonctif indique une action qui dure encore ou qui se produit présentement :

*J'**ai averti** ses amis || afin qu'ils lui **fassent** la surprise ;*

— lorsque la subordonnée au subjonctif indique une action future :

*J'**ai dit** || qu'on m'**avertisse** dès qu'elle arrivera.*

REMARQUE On évite de faire la concordance des temps à la 1re et à la 2e personne du singulier et du pluriel du subjonctif imparfait et plus-que-parfait, de moins en moins employés et remplacés alors par le subjonctif présent.

Dans la langue parlée, les deux seuls temps du subjonctif couramment employés sont le présent et le passé :

*Je regrette || qu'il **soit** absent.*
　(aujourd'hui)　　(aujourd'hui)

*J'ai regretté || qu'il **soit** absent.*
　　(hier)　　　　　(hier)

*Je regrettais || qu'il **soit** absent.*
　　(hier)　　　　　(hier)

*J'ai regretté || qu'il **ait été** absent.*
　　(hier)　　　　(avant-hier)

LE DISCOURS RAPPORTÉ

Il y a plusieurs façons de rapporter les propos ou la pensée de quelqu'un, selon que l'on recourt ou non à la subordination et qu'on emploie ou non un verbe principal d'énonciation (*dire, répondre, affirmer, exposer...*) ou d'opinion (*croire, juger, penser, estimer...*).

LE DISCOURS (OU STYLE) DIRECT

Le discours (ou style) direct consiste à reproduire textuellement les paroles ou la pensée de quelqu'un.
Les propos rapportés sont placés entre guillemets et introduits par une ponctuation forte ; la proposition qui exprime l'énoncé rapporté n'est pas subordonnée par une conjonction ou un interrogatif à la proposition principale :

> Il dit : «*Je me sens fatigué et je vais prendre quelques jours de vacances ; j'irai me reposer en Bretagne, chez mes parents.*»

LE DISCOURS (OU STYLE) INDIRECT

Le discours (ou style) indirect consiste à rapporter les paroles ou les pensées de quelqu'un en les faisant dépendre par subordination d'un verbe d'énonciation ou d'interrogation appelé alors «verbe introducteur» (par exemple, *il dit que...*).
Toutes les principales et indépendantes en discours direct deviennent alors des subordonnées :

> Il dit || ***qu'***il se sentait fatigué || et ***qu'***il allait prendre quelques jours de vacances ; || ***qu'***il irait se reposer en Bretagne, chez ses parents.

LES AUTRES MODIFICATIONS

Lors du passage du discours direct au discours indirect, il se produit un certain nombre de modifications en plus de la subordination :

● **changements de personne** pour les pronoms personnels et les possessifs :
> *il* ou *elle* remplace *je* ; *son* remplace *mon,* etc. ;

● **changements de mode** dus à la concordance des temps :

— le conditionnel présent, considéré comme un futur dans le passé, remplace l'indicatif futur :
> discours direct : «*Je te prêterai ma voiture, dit-elle.*»
> → discours indirect : *Elle m'a dit qu'elle me prêterait sa voiture ;*

153

— en discours direct, l'ordre ou la défense s'expriment par l'impératif ou le subjonctif :

> On lui dit : «Ne vous **faites** pas de souci» ;

dans le discours indirect, l'ordre ou la défense s'expriment par le subjonctif :

> On lui dit qu'elle ne se **fasse** pas de souci.

● **changements dans les repères temporels ou spatiaux** : *maintenant* devient *alors ; hier* devient *la veille ; ici* devient *là,* etc. :

> *Il lui dit : «Je suis **maintenant** trop occupé, mais je vous recevrai **ici demain**»* (discours direct) → *Il lui dit qu'il était **alors*** (ou ***pour le moment***) *trop occupé, mais qu'il la recevrait **là le lendemain*** (discours indirect).

L'INTERROGATION DANS LE DISCOURS INDIRECT

● Les mots interrogatifs sont les mêmes dans l'interrogation directe et dans l'interrogation indirecte, sauf «est-ce que», qui devient «si», et «qu'est-ce qui», «qu'est-ce que», qui deviennent «ce qui», «ce que» :

> *«Est-ce que vous me comprenez ?»* → *Elle lui a demandé **s'**il la comprenait.*
>
> *«Qu'est-ce qui se passe ?»* → *Je me demande **ce qui** se passe.*

● L'inversion du sujet de l'interrogation directe n'a généralement pas lieu dans l'interrogation indirecte :

> *Je vous le demande : «Où irez-vous ?»* → *Je vous demande où **vous irez.***

Elle est cependant possible si le sujet de l'interrogative n'est pas un pronom personnel et si le mot interrogatif n'est pas «pourquoi» :

> *Je vous le demande : «Où vont tous ces gens ?»* → *Je vous demande où vont tous ces gens.*

LE DISCOURS (OU STYLE) INDIRECT LIBRE

Le discours (ou style) indirect libre consiste à supprimer la principale d'introduction (par exemple, *il dit que...*), tout en conservant les personnes, les temps, les modes, les adverbes de temps et de lieu du discours indirect :

> *Il se sentait fatigué et il allait prendre quelques jours de vacances ; il irait se reposer en Bretagne, chez ses parents.*

REMARQUE L'imparfait est le temps le plus souvent employé dans le discours indirect libre ; on y trouve aussi le plus-que-parfait et le conditionnel (au sens d'un futur dans le passé) :

> *Il rassura tout le monde : il n'**avait** pas **été** sérieusement malade, et il **serait** bientôt rétabli.*

LE STYLE

Le style est l'utilisation personnelle des éléments constituants de la langue (vocabulaire, morphologie, syntaxe, phonétique). Si son étude ne relève pas d'un exposé systématique, elle doit cependant reposer sur la connaissance de principes généraux et de procédés usuels.

LES NIVEAUX DE LANGUE

On distingue en français plusieurs niveaux de langue.

On n'écrit pas une lettre comme on rédige un exposé destiné à une publication ou un discours officiel. On ne s'adresse pas à un ami comme à un supérieur hiérarchique. On n'entend pas dans la rue, sur un chantier ou dans la cour d'une école le même vocabulaire ni la même syntaxe que dans une galerie de peinture ou pendant un cours professoral. On ne parle pas toujours la même langue lorsque l'on converse avec des personnes de fonctions ou d'âges différents.

Il y a une langue écrite et une langue parlée. Chacune est caractérisée par l'emploi de mots ou de constructions correspondant à ce qu'on appelle des «niveaux de langue» :

— la langue parlée peut être familière, populaire, argotique ;

— la langue écrite peut être courante, administrative, soutenue, littéraire.

LE LEXIQUE

● Certains synonymes appartiennent à des niveaux de langue différents :

   trépas (littéraire) et *mort* (courant) ; *ouvrage* (soutenu) et *livre* (courant) ;

   camarade (courant) et *copain* (familier) ; *convier* (soutenu) et *inviter* (courant) ;

   courroux (littéraire) et *colère* (courant) ; *vêtir* (soutenu) et *habiller* (courant).

● On écrira en style soutenu :

   Des bruits infamants se répandaient, mettant en cause sa réputation.

On dira :

   Les voisins n'arrêtaient pas de déblatérer sur son compte.

LA MORPHOLOGIE

● La langue écrite use ordinairement du passé simple.
La langue parlée ne se sert plus, dans le même sens, que du passé composé.

● La langue parlée use plus souvent que la langue écrite du semi-auxiliaire «aller» pour exprimer le futur.

● La langue parlée évite parfois les verbes de la troisième conjugaison pour les remplacer par un verbe de la première :

> *émouvoir* est remplacé par *émotionner ;*
> *résoudre* est remplacé par *solutionner.*

▬ LA SYNTAXE

● La langue écrite tend à traduire par la subordination des relations logiques que la langue parlée exprime volontiers par la coordination ou la simple juxtaposition.
Ainsi, on écrira :

> *Comme il pleut encore, les inondations vont s'aggraver ;*
> *Il pleut tellement que les inondations vont s'aggraver ;*

mais on dira :

> *Il pleut toujours : les inondations vont s'aggraver.*

● La langue écrite emploie le subjonctif après les verbes exprimant négativement une pensée :

> *Je ne pense pas qu'il vienne ;*

la langue parlée se sert de l'indicatif :

> *Je ne pense pas qu'il viendra.*

REMARQUE Pour juger le style d'un auteur, il faut tenir compte de la langue qu'il emploie, et qui varie selon le genre littéraire qu'il a adopté ou le personnage qu'il fait parler. Le même écrivain peut se servir de plusieurs niveaux de langue à l'intérieur de la même œuvre littéraire.

LANGUES TECHNIQUES ET SCIENTIFIQUES

À côté de la langue usuelle, écrite ou parlée, chaque groupe professionnel a sa langue spécialisée : les médecins, les professeurs, les informaticiens, les publicitaires, les métallurgistes, les chimistes ont chacun leur vocabulaire.
Toute science ou toute technique crée ses mots. Ceux-ci ne sont pas nécessairement compris de ceux qui n'appartiennent pas à cette profession ou qui n'ont pas étudié cette science :

— en chirurgie, on dira une «appendicectomie» là où le profane ne voit qu'une opération de l'appendicite ;

— en typographie, tous les caractères portent le même nom (ce sont des lettres) pour le profane, mais le technicien distingue le «plantin» du «garamond» ;

— dans le domaine de l'agriculture, chacun connaît le tracteur, mais seul le technicien sait ce qu'est un tambour de dégagement.

Les mots techniques ont la qualité d'être précis, de ne convenir qu'à un seul objet ou une seule opération.

ARCHAÏSMES ET NÉOLOGISMES

Le français a beaucoup évolué depuis le Moyen Âge. Des mots, des expressions changent de sens, vieillissent ou disparaissent ; d'autres apparaissent.

Lorsqu'on utilise un mot ou un sens qui appartient à une époque antérieure, on dit que c'est «un archaïsme» :

inclination pour «amour», *aéroplane* pour «avion».

Lorsqu'on utilise un mot ou un sens introduit récemment dans la langue, on dit que c'est un néologisme :

cibler, câblodistribution, logiciel, fast-food, scénariser, bioéthique.

PROCÉDÉS DE STYLE

Les procédés ou les effets de style mettent en jeu différents aspects de la langue et permettent d'exprimer de façon plus personnelle des idées ou des sentiments.

L'IMAGE, LA COMPARAISON ET LA MÉTAPHORE

L'image est créée par une comparaison entre deux objets rapprochés l'un de l'autre en raison d'une analogie de forme, de couleur, de poids, etc. On dit ainsi *une feuille de papier* par comparaison avec la feuille d'un arbre.

C'est un procédé de style qui peut prendre deux formes :

— la comparaison, avec emploi de «comme», «ainsi que», «de même», etc. :

Quand le ciel bas et lourd pèse **comme** un couvercle... (Baudelaire) ;

— la métaphore, sans mot de comparaison :

Les choses qui **chantent** dans la tête... (Verlaine).

LA TRANSPOSITION

Elle consiste à faire passer un mot du domaine qui lui est propre dans un domaine très proche. On dira ainsi :

— *une odeur grasse,* par analogie avec le toucher ;
— *un texte opaque,* par analogie avec la vue.

LE TRANSFERT DE SENS ET LA MÉTONYMIE

Le transfert de sens donne à un mot le sens d'un autre qui lui est proche par la forme. Ainsi *fruste*, qui signifiait à l'origine «usé», a pris le sens de «grossier» par rapprochement avec *rustre*. Dans la métonymie, ce lien peut être du tout à la partie, du contenant au contenu :

une voile à l'horizon, c'est un navire (la voile, partie du navire, indique le navire tout entier).

LA PÉRIPHRASE

La périphrase consiste à remplacer le mot précis par sa définition, afin d'éviter la répétition monotone du même terme ou pour ajouter une idée à l'évocation du mot simple.
En disant *le fondateur de Québec est mort en 1635* au lieu de *Samuel de Champlain est mort en 1635,* on insiste sur son rôle dans l'histoire du Canada et non sur sa qualité très générale d'explorateur français.

■ LA VARIÉTÉ

La variété consiste. à remplacer un mot par un synonyme, afin d'en éviter la répétition.

Comme aucun mot n'est rigoureusement synonyme d'un autre, la synonymie peut avoir pour intention de donner plus d'importance à l'expression, plus d'abondance (redondance), ou de préciser par une série d'équivalents le premier terme :

Nos interprétations trop fines et subtiles (Sainte-Beuve) ;

C'est le courbement, la courbure, la courbature, l'inclinaison de l'écrivain sur sa table de travail (Ch. Péguy).

■ L'ACCUMULATION

L'accumulation consiste dans une énumération dont l'ensemble pourrait être résumé par un seul mot et dont l'effet est de donner une idée de grandeur ou de force :

Déroute : enfants, vieillards, bœufs, moutons ; clameur vaine (Victor Hugo).

■ L'INVERSION

L'inversion consiste à présenter les mots dans un ordre qui n'est pas celui de la langue commune :

La chambre est pleine d'ombre ; on entend vaguement
De deux enfants *le triste et doux chuchotement* (Arthur Rimbaud).

Ce procédé se rencontre particulièrement en poésie.

LA VERSIFICATION

La versification est l'ensemble des règles phonétiques et rythmiques qui régissent l'art d'écrire des poèmes en vers. C'est une technique, qui ne suffit pas, à elle seule, à créer des textes poétiques.

LES VERS FRANÇAIS

Les vers français traditionnels ont trois caractéristiques essentielles :
— ils sont composés d'un certain nombre déterminé de syllabes ; c'est la mesure du vers ;
— ils sont terminés par une rime, répétition de la même sonorité à la fin de deux vers ;
— ils ont un certain rythme, caractérisé par des pauses (coupes), des syllabes accentuées (accents rythmiques) et certaines sonorités :

> *Nous partîmes cinq* **cents** *;* ‖ *mais par un* **prompt** *renf**ort***
> *Nous nous* **vîmes** *trois* **mille** ‖ *en arri**vant** au p**ort*** (Corneille).

vers de 12 syllabes ; rimes : renf-**ort**, p-**ort** ; coupe à la moitié du vers ; accents rythmiques sur les 3e, 6e, 10e, 12e syllabes.

LA MESURE DU VERS

LE NOMBRE DE SYLLABES

— 12 syllabes (alexandrin) :
> *Quand ils eurent fini de clore et de murer,*
> *On mit l'aïeul au centre en une tour de pierre* (Victor Hugo).

— 10 syllabes (décasyllabe) :
> *Ce toit tranquille, où marchent les colombes*
> *Entre les pins palpite, entre les tombes* (Paul Valéry).

— 8 syllabes (octosyllabe) :
> *Comme le cygne allait nageant*
> *Sur le lac au miroir d'argent* (Théodore de Banville).

— 7 syllabes :
> *Quand les blés sont sous la grêle*
> *Fou qui fait le délicat* (Louis Aragon).

— 6 syllabes :
> *De la rose charmante à l'ombre du rosier*
> *Si mollement ouverte* (Anna de Noailles).

— 3 ou 2 syllabes :

> **Sauve-moi**
> *Joue avec moi*
> **Oiseau** (Jacques Prévert).

■ LE COMPTE DES SYLLABES

En général, toutes les syllabes d'un mot comptent. Mais il existe quelques cas particuliers.

● Règles de l'**-e** muet :

— précédé d'une consonne et suivi d'une autre (ou de **h-** aspiré), il compte pour une syllabe, sauf en fin de vers :

> *Et **le** soir on lançait des flè**ches** aux étoiles* (Victor Hugo) ;

— précédé d'une voyelle ou d'une consonne et devant une voyelle (ou un h-muet), il s'élide et ne compte pas :

> *Notre profond silenc**e a**busant leurs esprits* (Corneille) ;

— précédé d'une voyelle à l'intérieur d'un mot, il ne compte pas :

> *Après, je chât**ie**rai les railleurs, s'il en reste* (Victor Hugo).

● **-ent**, terminaison de verbe au pluriel, précédé d'une voyelle ne compte pas :

> *Tous ses fils regardai**en**t trembler l'aïeul farouche* (Victor Hugo).

● Les groupes de voyelles **-ion, -ier, -iez** comptent en général pour une syllabe, mais l'usage est variable :

> *La Ré-vo-lu-**ti-on** leur cri-ait : «Vo-lon-taires...»* (Victor Hugo).
> *Et les pieds sans sou-**liers*** (Victor Hugo).

■ L'HIATUS

Lorsqu'il y a rencontre de deux voyelles et que la première ne s'élide pas, il y a hiatus. L'hiatus était évité dans la poésie du xviiᵉ et du xviiiᵉ siècle, mais il ne l'est plus depuis lors :

> *Et, durant tout un jour, j'**ai eu** toute Venise* (Henri de Régnier).

LA RIME

La répétition de la même sonorité à la fin de deux vers est appelée «rime» ; cette sonorité est une voyelle appuyée ou non par plusieurs consonnes :

> *oubl-**i**, ennem-**i** ; armi-**stice**, ju-**stice**.*

L'orthographe des rimes peut être différente :

> *accomp-**li**, dé-**lit**.*

● **Nature de la rime :**

— masculine (non terminée par un **-e** muet) :

> *Soudain, comme chacun demeurait inter**dit**,*
> *Un jeune homme bien fait sortit des rangs, et **dit**...* (Victor Hugo) ;

— féminine (terminée par un **-e** muet) :

> *L'empereur, souriant, reprit d'un air tranquille :*
> *— Duc, tu ne m'as pas dit le nom de cette ville ?* (Victor Hugo).

REMARQUE Les alexandrins terminés par une rime féminine auraient 13 syllabes si l'on articulait la dernière.

Dans les grandes œuvres classiques en alexandrins, l'usage s'est établi d'alterner les rimes masculines et les rimes féminines.

● **Valeur des rimes :**

— pauvres (voyelle seulement) : *Destinée, veillée...* ;
— suffisantes (voyelle + consonne ou consonne + voyelle) : *Destinée, année* ;
— riches (voyelle + consonne + voyelle, ou consonne + voyelle + consonne, ou davantage) : *Destinée, matinée.*

● **Disposition des rimes :**

— plates :

a	*Il est ainsi de pauvres cœurs*
a	*Avec, en eux, des lacs de pleurs,*
b	*Qui sont pâles comme les pierres*
b	*D'un cimetière* (Émile Verhaeren).

— croisées :

a	*Depuis six mille ans la guerre*
b	*Plaît aux hommes querelleurs,*
a	*Et Dieu perd son temps à faire*
b	*Les étoiles et les fleurs* (Victor Hugo).

— embrassées :

a	*Le soir ramène le silence.*
b	*Assis sur ces rochers déserts,*
b	*Je suis dans le vague des airs*
a	*Le char de la nuit qui s'avance* (Alphonse de Lamartine).

LE RYTHME

● **La coupe.** À l'intérieur d'un vers, il y a une ou plusieurs pauses appelées «coupes».
La coupe de l'alexandrin se trouve en général après la 6ᵉ syllabe (césure) ; elle partage le vers en deux parties égales, ou hémistiches :

> *Heureux ceux qui sont morts* ‖ *pour la terre charnelle*
> *Mais pourvu que ce fût* ‖ *dans une juste guerre* (Charles Péguy).

Parfois, chez les poètes romantiques, l'alexandrin est divisé en trois parties par deux coupes :

> *Pluie ou bourrasque,* ‖ *il faut qu'il sorte,* ‖ *il faut qu'il aille* (Victor Hugo).

REMARQUE L'octosyllabe a sa coupe, en général, après la 3ᵉ ou la 4ᵉ syllabe, le décasyllabe après la 4ᵉ.

● **L'enjambement et le rejet.** Lorsque la fin du vers ne coïncide pas avec une pause possible dans le débit normal, il y a enjambement et la partie de phrase rejetée au début du vers suivant est appelée le «rejet» :

> *Jubal, père de ceux qui passent dans les bourgs*
> *Soufflant dans des clairons et frappant des tambours,*
> ***Cria** : Je saurai bien construire une barrière* (Victor Hugo).

«Cria» est un rejet.

● **Les accents rythmiques.** Dans un vers, il y a plusieurs syllabes accentuées (accents rythmiques) ; leur place, variable, et la nature des syllabes accentuées forment la musique du vers :

> *De la rumeur humaine et du monde oublieux,*
> *Il regarde la mer, les bois et les collines* (Leconte de Lisle).

LE POÈME

Un poème est fait d'une suite de vers ; ces vers peuvent être groupés en strophes, chaque strophe présentant un sens complet et ayant son rythme propre.

● Les strophes sont des groupes de vers ; elles portent un nom précis selon le nombre de vers qui les composent.

2 vers : distique	5 vers : quintain	8 vers : huitain
3 vers : tercet	6 vers : sizain	9 vers : neuvain
4 vers : quatrain	7 vers : septain	10 vers : dizain

● Les poèmes à forme fixe ont une structure déterminée : nombre de vers, de strophes, agencement des rimes, etc.

Ainsi, le sonnet est composé de 14 vers répartis en 2 quatrains (2 rimes) et 2 tercets (3 rimes) :

Comme le champ semé en verdure foisonne,	1er quatrain ; rimes :	a
De verdure se hausse en tuyau verdissant,		b
De tuyau se hérisse en épi florissant,		b
D'épi jaunit en grain que le chaud assaisonne ;		a
Et comme en la saison le rustique moissonne	2e quatrain ; rimes :	a
Les ondoyants cheveux du sillon blondissant,		b
Les met d'ordre en javelle, et du blé jaunissant		b
Sur le champ dépouillé mille gerbes façonne :		a
Ainsi de peu à peu crût l'Empire romain,	1er tercet ; rimes :	c
Tant qu'il fut dépouillé par la barbare main,		c
Qui ne laissa de lui que ces marques antiques,		d
Que chacun va pillant : comme on voit le glaneur,	2e tercet ; rimes :	e
Cheminant pas à pas, recueillir les reliques		d
De ce qui va tombant après le moissonneur.		e

Joachim du Bellay.

REMARQUE La ballade et le rondeau sont aussi des poèmes à forme fixe.

ANNEXES

PRONONCIATION ET GRAPHIE DES MOTS

La phonétique étudie la nature des sons, leur évolution et leur répartition dans la langue. En français, l'orthographe ne correspond pas très souvent à la prononciation, et il est nécessaire de faire la différence entre les deux.

PRONONCIATION ET ORTHOGRAPHE

sons (notation phonétique)		exemples	lettres (orthographe)
[a]	-a- bref antérieur	*lac, cave, **agate**, béat, **maille**, **soi**, **moelle**, **moyen**, il plong**ea***	a, (e)a, a(i), oi, oy, oe (= oua)
[α]	-a- long postérieur	*case, fable, sabre, flamme, âme, douce**â**tre, tas*	a, â, (e)â
[e]	-é- fermé	*ann**ée**, p**ay**s, d**é**sob**é**ir, **œ**dème, je mang**eai***	é, ay, e(i), eai, ai, oe
[ɛ]	-è- ouvert	*bec, po**è**te, bl**ê**me, No**ë**l, il p**ei**gne, il **ai**me, fra**î**che, j'**ai**mais*	è, ê, e, ë, ei, ai, aî
[i]	-i- bref ou long	*île, mille, épître, tu lis, partir, cyprès, dîner, naïf*	i, î, y, ï
[ɔ]	-o- ouvert bref ou long	*note, robe, mode, col, roche, Paul, port*	o, au
[o]	-o- fermé bref ou long	*c**o**aguler, dr**ô**le, **au**be, agn**eau**, sot, pôle, mot, ge**ô**le*	o, ô, au, eau, (e)ô
[u]	-ou-	***ou**til, m**ou**, p**ou**r, j**ou**e, g**oû**t, a**oû**t*	ou(e), oû, aoû
[y]	-u-	***u**sage, l**u**th, m**u**r, **u**ni, s**û**r, il **eu**t, v**u**e, dé**ç**u*	u, û, eu, u(e)
[œ]	-eu- ouvert bref ou long	*peuple, bœuf, chevreuil, œil, jeune, douceur*	eu, œu, eu(i), œ(i)
[ø]	-eu- fermé bref ou long	*émeute, jeûne, aveu, nœud, eux, bleu*	eu, eû, œu
[ə]	-e-	*me, remède, grelotter, vous seriez*	e

sons (notation phonétique)		exemples	lettres (orthographe)
[ɛ̃]	-è- nasalisé ouvert	*timbre*, *matin*, *impie*, *main*, *bien*, *faim*, *dessein*, *lymphe*, *syncope*	im, in, en, aim, ain, ein, ym, yn
[ɑ̃]	-a- nasalisé	*champ*, *ange*, *emballer*, *ennui*, *vengeance*, *taon*, *paon*	am, an, em, en, ean, aon
[ɔ̃]	-o- nasalisé	*plomb*, *ongle*, *mon*, *uncial*	on, om, un
[œ̃]	-eu- nasalisé	*parfum*, *aucun*, *brun*, *à jeun*	un, um, eun
[j]	-y (e)-	*yeux*, *lieu*, *fermier*, *liasse*, *piller*, *pied*, *bien*	y, i, ll (après -i- et + voyelle)
[ɥ]	-u (i, e, a, etc.)-	*lui*, *nuit*, *suivre*, *huit*, *enduit*, *huer*	u (+ voyelle)
[w]	-ou (i, e, a, etc.)-	*oui*, *ouest*, *moi*, *squale*, *louer*	ou (+ voyelle), oi (= oua), u(a)
[p]	-pe-	*prendre*, *apporter*, *stop*, *loupe*	p, pp
[b]	-be-	*bateau*, *combler*, *aborder*, *abbé*, *snob*	b, bb
[d]	-de-	*dalle*, *addition*, *cadenas*, *raide*, *lad*	d, dd
[t]	-te-	*train*, *théâtre*, *vendetta*, *rite*, *kit*	t, th, tt
[k]	-ke-	*coq*, *quatre*, *carte*, *képi*, *kilo*, *squelette*, *lac*, *accabler*, *bacchante*, *chrome*, *chlore*, *chœur*, *choléra*	q, c (+ a, o, u), k, qu, c, cc, cch, ch (+ r, l), ch
[g]	-gue-	*guêpe*, *dague*, *diagnostic*, *garder*, *gondole*, *goulag*	g (+ a, o), gu, gn, g
[f]	-fe-	*fable*, *physique*, *fez*, *chef*, *neuf*	f, ph
[v]	-ve-	*voir*, *wagon*, *aviver*, *révolte*, *rive*	v, w
[s]	-se-	*savant*, *science*, *tasse*, *cela*, *ciel*, *façon*, *ça*, *reçu*, *patience*, *façade*, *muscle*	s, sc, ss, c (+ e, i), ç (+ a, o, u), t (i)
[z]	-ze-	*zèle*, *azur*, *réseau*, *rasade*, *rasoir*	z, s (entre voyelles)
[ʒ]	-je-	*jabot*, *déjouer*, *jongleur*, *âgé*, *germe*, *gigot*	j, g (+ i, e)
[ʃ]	-che-	*charrue*, *échec*, *schéma*, *shah*, *moche*	ch, sch, sh
[l]	-le-	*lier*, *bal*, *intelligence*, *illettré*, *calcul*	l, ll

sons (notation phonétique)		exemples	lettres (orthographe)
[m]	-me-	*amas*, *mât*, *drame*, *grammaire*	m, mm
[n]	-ne-	*nager*, *naine*, *neuf*, *animal*, *dictionnaire*	n, nn
[r]	-re-	*rare*, *arracher*, *âpre*, *sabre*, *tenir*	r, rr
[ɲ]	-gne-	*agneau*, *peigner*, *baigner*, *besogne*	gn

REMARQUES

1. Il n'est pas tenu compte, dans ce tableau, des exceptions ; on notera par ailleurs que la même graphie correspond parfois à des prononciations différentes. Seuls l'usage et le dictionnaire pourront indiquer la prononciation la plus courante dans les cas douteux.

2. La lettre **-x-** correspond aux prononciations [ks] et [gs] : *axe, exemple.*

3. La lettre **-h-** ne se prononce pas et ne comporte aucune aspiration. Le **-h-** dit «aspiré» empêche les liaisons.

Les liaisons

● Certaines consonnes finales ne se prononcent pas lorsque le mot est isolé :

avant [avɑ̃]   *trop* [tro]   *nous sommes* [nusɔm], mais
il est arrivé avant elle [avɑ̃tel] ;   *ces souliers sont trop étroits* [tropetrwa].

ATTENTION
Parfois ces consonnes changent de prononciation : **-d** se prononce comme **-t**, **-g** se prononce comme **-k**, **-s** et **-x** se prononcent comme **-z** :

Nous sommes ennuyés [nusɔmzɑ̃nɥije] ;
Elle m'a fourni un grand appui [grɑ̃tapɥi].

● La liaison se fait naturellement lorsque la consonne est déjà prononcée dans le mot isolé : *Elle doit partir en voyage* [partirɑ̃vwajaʒ].

● En général, la liaison se fait entre les mots unis par le sens et qui forment un groupe. Ainsi, la liaison se fait toujours entre :

— le verbe et le pronom sujet : *Ils ont perdu ; On a oublié ;*

— le verbe et le nom ou l'adjectif attributs : *Il est heureux ; Ils sont étudiants ;*

— le verbe et l'infinitif complément d'objet direct : *Il veut aller à Winnipeg ;*

— le verbe et son auxiliaire : *Tu es émue ; Nous avons attrapé la balle ;*

— le nom et l'article : *les enfants ; les hommes ;*

— le nom et l'adjectif épithète, ou le pronom : *mes autres amies ; les bons amis ;*

— la préposition et son régime (le nom ou le pronom qu'elle introduit), sauf **hors**, **selon**, **vers**, **envers** : *Cela s'est passé sans incident ;*

— l'adverbe et le mot qu'il modifie : *tout entier ;*

— **c'est**, **quand**, **dont** et le mot suivant : *Le livre dont il me parle ; Quand il vient ; C'est à vous que je le conseille.*

● La liaison se fait dans les locutions ou les expressions toutes faites :

> *de plus͜ en plus ; mot͜ à mot.*

● La liaison ne se fait jamais :

— après un **-s** dans les mots composés : *des arcs-en-ciel* [arkãsjɛl] ;

—. après la consonne finale d'un nom singulier (non prononcée) et l'épithète qui suit : *un poing‖ énorme ;*

— après la conjonction **et** : *Et‖ elle m'a dit de venir.*

REMARQUE Les liaisons sont souvent facultatives. La tendance dans la langue courante est actuellement de les restreindre le plus possible ; dans la langue du théâtre et celle des discours, on maintient au contraire un grand nombre de liaisons. Très souvent, on a les deux possibilités : *il va droit‖ au but* ou *il va droit͜ au but.*

ES SIGNES ORTHOGRAPHIQUES

● **Les accents.** Il y a, en français, trois accents : l'accent aigu, l'accent grave, l'accent circonflexe :

— l'accent aigu indique un **-é-** fermé (sauf devant **-d-**, **-z-**, **-f-**, **-r-** finals, où l'on écrit **-e-** sans accent) :

> *beauté ; solidarité ; fée ; ému,* mais *pied, fermer, nez, fief ;*

— l'accent grave indique un **-è-** ouvert ; placé sur **-a-** et **-u-** il distingue les homonymes :

> *mère ; décès ; il mène ; là* distingué de *la, où* de *ou, à* de *a ;*

— l'accent circonflexe indique une voyelle dont la prononciation a été allongée par la disparition ancienne d'une consonne (**-s-**) ou d'une voyelle (**-e-**) :

> *bâtir* (de l'ancien français *bastir*) ; *château* (de *chasteau*) ; *sûr* (de *seur*).

● **Le tréma** (¨) se met sur **-e-**, **-i-**, **-u-** pour indiquer que l'une de ces voyelles est détachée, dans la prononciation, de celle qui la précède : *aiguë* se prononce [gy] et non pas [gə] ; *Saül* [sayl] ; *haïr* [air].

● **La cédille,** qui se place sous le **-c-** (**-ç-**) devant **-a-**, **-o-**, **-u-**, indique que celui-ci doit se prononcer [s] : *çà ; façon ; reçu ; nous plaçons ; il plaçait.*

● **L'apostrophe** marque l'élision d'une voyelle devant la voyelle du mot qui suit (celle-ci peut être précédée d'un **-h-** muet) :

> *J'apprends ; l'aurore ; jusqu'à minuit ; je t'aide ; l'horloge.*

● **Le trait d'union** se met entre chaque terme d'un mot composé :

> *arc-en-ciel ; garde-fou ; va-et-vient.*

Il se place aussi entre le verbe et le pronom sujet inversé :

> *Venez-vous ? Avez-vous vu ? A-t-elle mangé ?*

ATTENTION
Certains mots composés n'ont pas de trait d'union : *pomme de terre ; poids lourd.*

Conjugaison

À LA VOIX ACTIVE

INFINITIF

présent	passé
aimer	avoir aimé

PARTICIPE

présent	passé
aimant	aimé/ée/és/ées
	ayant aimé

INDICATIF

présent		passé composé	
j'	aime	ai	aimé
tu	aimes	as	aimé
il/elle	aime	a	aimé
nous	aimons	avons	aimé
vous	aimez	avez	aimé
ils/elles	aiment	ont	aimé

imparfait		plus-que-parfait	
j'	aimais	avais	aimé
tu	aimais	avais	aimé
il/elle	aimait	avait	aimé
nous	aimions	avions	aimé
vous	aimiez	aviez	aimé
ils/elles	aimaient	avaient	aimé

futur simple		futur antérieur	
j'	aimerai	aurai	aimé
tu	aimeras	auras	aimé
il/elle	aimera	aura	aimé
nous	aimerons	aurons	aimé
vous	aimerez	aurez	aimé
ils/elles	aimeront	auront	aimé

passé simple		passé antérieur	
j'	aimai	eus	aimé
tu	aimas	eus	aimé
il/elle	aima	eut	aimé
nous	aimâmes	eûmes	aimé
vous	aimâtes	eûtes	aimé
ils/elles	aimèrent	eurent	aimé

SUBJONCTIF

présent		
que	j'	aime
que	tu	aimes
qu'	il/elle	aime
que	nous	aimions
que	vous	aimiez
qu'	ils/elles	aiment

imparfait		
que	j'	aimasse
que	tu	aimasses
qu'	il/elle	aimât
que	nous	aimassions
que	vous	aimassiez
qu'	ils/elles	aimassent

passé			
que	j'	aie	aimé
que	tu	aies	aimé
qu'	il/elle	ait	aimé
que	nous	ayons	aimé
que	vous	ayez	aimé
qu'	ils/elles	aient	aimé

plus-que-parfait			
que	j'	eusse	aimé
que	tu	eusses	aimé
qu'	il/elle	eût	aimé
que	nous	eussions	aimé
que	vous	eussiez	aimé
qu'	ils/elles	eussent	aimé

CONDITIONNEL

présent		passé 1re forme	
j'	aimerais	aurais	aimé
tu	aimerais	aurais	aimé
il/elle	aimerait	aurait	aimé
nous	aimerions	aurions	aimé
vous	aimeriez	auriez	aimé
ils/elles	aimeraient	auraient	aimé

passé 2e forme

mêmes formes que le subjonctif plus-que-parfait

IMPÉRATIF

présent	passé	
aime	aie	aimé
aimons	ayons	aimé
aimez	ayez	aimé

CONJUGAISON
À LA VOIX PASSIVE

INFINITIF

présent	passé
être aimé/ée, aimés/ées	avoir été aimé/ée/és/ées

PARTICIPE

présent	passé
étant aimé/ée/és/ées	ayant été aimé/ée/és/ées

INDICATIF

présent

je	suis	aimé/ée	
tu	es	aimé/ée	
il/elle	est	aimé/ée	
nous	sommes	aimés/ées	
vous	êtes	aimés/ées	
ils/elles	sont	aimés/ées	

passé composé

ai	été	aimé/ée
as	été	aimé/ée
a	été	aimé/ée
avons	été	aimés/ées
avez	été	aimés/ées
ont	été	aimés/ées

imparfait

j'	étais	aimé/ée
tu	étais	aimé/ée
il/elle	était	aimé/ée
nous	étions	aimés/ées
vous	étiez	aimés/ées
ils/elles	étaient	aimés/ées

plus-que-parfait

avais	été	aimé/ée
avais	été	aimé/ée
avait	été	aimé/ée
avions	été	aimés/ées
aviez	été	aimés/ées
avaient	été	aimés/ées

futur simple

je	serai	aimé/ée
tu	seras	aimé/ée
il/elle	sera	aimé/ée
nous	serons	aimés/ées
vous	serez	aimés/ées
ils/elles	seront	aimés/ées

futur antérieur

aurai	été	aimé/ée
auras	été	aimé/ée
aura	été	aimé/ée
aurons	été	aimés/ées
aurez	été	aimés/ées
auront	été	aimés/ées

passé simple

je	fus	aimé/ée
tu	fus	aimé/ée
il/elle	fut	aimé/ée
nous	fûmes	aimés/ées
vous	fûtes	aimés/ées
ils/elles	furent	aimés/ées

passé antérieur

eus	été	aimé/ée
eus	été	aimé/ée
eut	été	aimé/ée
eûmes	été	aimés/ées
eûtes	été	aimés/ées
eurent	été	aimés/ées

SUBJONCTIF

présent

que	je	sois	aimé/ée
que	tu	sois	aimé/ée
qu'	il/elle	soit	aimé/ée
que	nous	soyons	aimés/ées
que	vous	soyez	aimés/ées
qu'	ils/elles	soient	aimés/ées

imparfait

que	je	fusse	aimé/ée
que	tu	fusses	aimé/ée
qu'	il/elle	fût	aimé/ée
que	nous	fussions	aimés/ées
que	vous	fussiez	aimés/ées
qu'	ils/elles	fussent	aimés/ées

passé

que	j'	aie	été	aimé/ée
que	tu	aies	été	aimé/ée
qu'	il/elle	ait	été	aimé/ée
que	nous	ayons	été	aimés/ées
que	vous	ayez	été	aimés/ées
qu'	ils/elles	aient	été	aimés/ées

plus-que-parfait

que	j'	eusse	été	aimé/ée
que	tu	eusses	été	aimé/ée
qu'	il/elle	eût	été	aimé/ée
que	nous	eussions	été	aimés/ées
que	vous	eussiez	été	aimés/ées
qu'	ils/elles	eussent	été	aimés/ées

CONDITIONNEL

présent

je	serais	aimé/ée
tu	serais	aimé/ée
il/elle	serait	aimé/ée
nous	serions	aimés/ées
vous	seriez	aimés/ées
ils/elles	seraient	aimés/ées

passé 1re forme

aurais	été	aimé/ée
aurais	été	aimé/ée
aurait	été	aimé/ée
aurions	été	aimé/ées
auriez	été	aimés/ées
auraient	été	aimés/ées

passé 2e forme

mêmes formes que le subjonctif plus-que-parfait

IMPÉRATIF

présent	passé
sois aimé/ee	aie été aimé/ee
soyons aimés/ées	ayons été aimés/ées
soyez aimés/ées	ayez été aimés/ées

CONJUGAISON
À LA VOIX PRONOMINALE

INFINITIF

présent	passé
s'amuser	s'être amusé/ée/és/ées

PARTICIPE

présent	passé
s'amusant	s'étant amusé/ée, s'étant amusés/ées

INDICATIF

présent
je	m'amuse
tu	t'amuses
il/elle	s'amuse
nous	nous amusons
vous	vous amusez
ils/elles	s'amusent

passé composé
me	suis	amusé/ée
t'es		amusé/ée
s'est		amusé/ée
nous	sommes	amusés/ées
vous	êtes	amusés/ées
se	sont	amusés/ées

imparfait
je	m'amusais
tu	t'amusais
il/elle	s'amusait
nous	nous amusions
vous	vous amusiez
ils/elles	s'amusaient

plus-que-parfait
m'étais	amusé/ée
t'étais	amusé/ée
s'était	amusé/ée
nous	étions amusés/ées
vous	étiez amusés/ées
s'étaient	amusés/ées

futur simple
je	m'amuserai
tu	t'amuseras
il/elle	s'amusera
nous	nous amuserons
vous	vous amuserez
ils/elles	s'amuseront

futur antérieur
me	serai amusé/ée
te	seras amusé/ée
se	sera amusé/ée
nous	serons amusés/ées
vous	serez amusés/ées
se	seront amusés/ées

passé simple
je	m'amusai
tu	t'amusas
il/elle	s'amusa
nous	nous amusâmes
vous	vous amusâtes
ils/elles	s'amusèrent

passé antérieur
me	fus amusé/ée
te	fus amusé/ée
se	fut amusé/ée
nous	fûmes amusés/ées
vous	fûtes amusés/ées
se	furent amusés/ées

SUBJONCTIF

présent
que	je	m'amuse
que	tu	t'amuses
qu'	il/elle	s'amuse
que	nous	nous amusions
que	vous	vous amusiez
qu'	ils/elles	s'amusent

imparfait
que	je	m'amusasse
que	tu	t'amusasses
qu'	il/elle	s'amusât
que	nous	nous amusassions
que	vous	vous amusassiez
qu'	ils/elles	s'amusassent

passé
que	je	me sois	amusé/ée
que	tu	te sois	amusé/ée
qu'	il/elle	se soit	amusé/ée
que	nous	nous soyons	amusés/ées
que	vous	vous soyez	amusés/ées
qu'	ils/elles	se soient	amusés/ées

plus-que-parfait
que	je	me fusse	amusé/ée
que	tu	te fusses	amusé/ée
qu'	il/elle	se fût	amusé/ée
que	nous	nous fussions	amusés/ées
que	vous	vous fussiez	amusés/ées
qu'	ils/elles	se fussent	amusés/ées

CONDITIONNEL

présent
je	m'amuserais
tu	t'amuserais
il/elle	s'amuserait
nous	nous amuserions
vous	vous amuseriez
ils/elles	s'amuseraient

passé 1re forme
me	serais amusé/ée
te	serais amusé/ée
se	serait amusé/ée
nous	serions amusés/ées
vous	seriez amusés/ées
se	seraient amusés/ées

passé 2e forme
mêmes formes que le subjonctif plus-que-parfait

IMPÉRATIF

présent	passé
amuse-toi	*inusité*
amusons-nous	
amusez-vous	

ÊTRE

INFINITIF

présent	passé
être	avoir été

PARTICIPE

présent	passé
étant	été
	ayant été

INDICATIF

présent		passé composé	
je	suis	ai	été
tu	es	as	été
il/elle	est	a	été
nous	sommes	avons	été
vous	êtes	avez	été
ils/elles	sont	ont	été

imparfait		plus-que-parfait	
j'	étais	avais	été
tu	étais	avais	été
il/elle	était	avait	été
nous	étions	avions	été
vous	étiez	aviez	été
ils/elles	étaient	avaient	été

futur simple		futur antérieur	
je	serai	aurai	été
tu	seras	auras	été
il/elle	sera	aura	été
nous	serons	aurons	été
vous	serez	aurez	été
ils/elles	seront	auront	été

passé simple		passé antérieur	
je	fus	eus	été
tu	fus	eus	été
il/elle	fut	eut	été
nous	fûmes	eûmes	été
vous	fûtes	eûtes	été
ils/elles	furent	eurent	été

SUBJONCTIF

présent		
que je	sois	
que tu	sois	
qu' il/elle	soit	
que nous	soyons	
que vous	soyez	
qu' ils/elles	soient	

imparfait		
que je	fusse	
que tu	fusses	
qu' il/elle	fût	
que nous	fussions	
que vous	fussiez	
qu' ils/elles	fussent	

passé		
que j'	aie	été
que tu	aies	été
qu' il/elle	ait	été
que nous	ayons	été
que vous	ayez	été
qu' ils/elles	aient	été

plus-que-parfait		
que j'	eusse	été
que tu	eusses	été
qu' il/elle	eût	été
que nous	eussions	été
que vous	eussiez	été
qu' ils/elles	eussent	été

CONDITIONNEL

présent		passé 1re forme	
je	serais	aurais	été
tu	serais	aurais	été
il/elle	serait	aurait	été
nous	serions	aurions	été
vous	seriez	auriez	été
ils/elles	seraient	auraient	été

passé 2e forme

mêmes formes que le subjonctif plus-que-parfait

IMPÉRATIF

présent	passé	
sois	aie	été
soyons	ayons été	
soyez	ayez	été

Avoir

présent	passé
avoir	avoir eu

présent	passé
ayant	eu/eue/eus/eues
	ayant eu

INDICATIF

présent		passé composé	
j'	ai	ai	eu
tu	as	as	eu
il/elle	a	a	eu
nous	avons	avons	eu
vous	avez	avez	eu
ils/elles	ont	ont	eu

imparfait		plus-que-parfait	
j'	avais	avais	eu
tu	avais	avais	eu
il/elle	avait	avait	eu
nous	avions	avions	eu
vous	aviez	aviez	eu
ils/elles	avaient	avaient	eu

futur simple		futur antérieur	
j'	aurai	aurai	eu
tu	auras	auras	eu
il/elle	aura	aura	eu
nous	aurons	aurons	eu
vous	aurez	aurez	eu
ils/elles	auront	auront	eu

passé simple		passé antérieur	
j'	eus	eus	eu
tu	eus	eus	eu
il/elle	eut	eut	eu
nous	eûmes	eûmes	eu
vous	eûtes	eûtes	eu
ils/elles	eurent	eurent	eu

SUBJONCTIF

présent		
que j'	aie	
que tu	aies	
qu' il/elle	ait	
que nous	ayons	
que vous	ayez	
qu' ils/elles	aient	

imparfait		
que j'	eusse	
que tu	eusses	
qu' il/elle	eût	
que nous	eussions	
que vous	eussiez	
qu' ils/elles	eussent	

passé		
que j'	aie	eu
que tu	aies	eu
qu' il/elle	ait	eu
que nous	ayons	eu
que vous	ayez	eu
qu' ils/elles	aient	eu

plus-que-parfait		
que j'	eusse	eu
que tu	eusses	eu
qu' il/elle	eût	eu
que nous	eussions	eu
que vous	eussiez	eu
qu' ils/elles	eussent	eu

CONDITIONNEL

présent		passé 1re forme	
j'	aurais	aurais	eu
tu	aurais	aurais	eu
il/elle	aurait	aurait	eu
nous	aurions	aurions	eu
vous	auriez	auriez	eu
ils/elles	auraient	auraient	eu

passé 2e forme

mêmes formes que le subjonctif plus-que-parfait

IMPÉRATIF

présent	passé	
aie	aie	eu
ayons	ayons	eu
ayez	ayez	eu

ALLER

1ᴇʀ GROUPE

INFINITIF

présent	passé
aller	être allé/ée/és/ées

PARTICIPE

présent	passé
allant	allé/ée/és/ées
	étant allé/ée/és/ées

INDICATIF

présent		passé composé	
je	vais	suis	allé/ée
tu	vas	es	allé/ée
il/elle	va	est	allé/ée
nous	allons	sommes	allés/ées
vous	allez	êtes	allés/ées
ils/elles	vont	sont	allés/ées

imparfait		plus-que-parfait	
j'	allais	étais	allé/ée
tu	allais	étais	allé/ée
il/elle	allait	était	allé/ée
nous	allions	étions	allés/ées
vous	alliez	étiez	allés/ées
ils/elles	allaient	étaient	allés/ées

futur simple		futur antérieur	
j'	irai	serai	allé/ée
tu	iras	seras	allé/ée
il/elle	ira	sera	allé/ée
nous	irons	serons	allés/ées
vous	irez	serez	allés/ées
ils/elles	iront	seront	allés/ées

passé simple		passé antérieur	
j'	allai	fus	allé/ée
tu	allas	fus	allé/ée
il/elle	alla	fut	allé/ée
nous	allâmes	fûmes	allés/ées
vous	allâtes	fûtes	allés/ées
ils/elles	allèrent	furent	allés/ées

SUBJONCTIF

présent		
que	j'	aille
que	tu	ailles
qu'	il/elle	aille
que	nous	allions
que	vous	alliez
qu'	ils/elles	aillent

imparfait		
que	j'	allasse
que	tu	allasses
qu'	il/elle	allât
que	nous	allassions
que	vous	allassiez
qu'	ils/elles	allassent

passé			
que	je	sois	allé/ée
que	tu	sois	allé/ée
qu'	il/elle	soit	allé/ée
que	nous	soyons	allés/ées
que	vous	soyez	allés/ées
qu'	ils/elles	soient	allés/ées

plus-que-parfait			
que	je	fusse	allé/ée
que	tu	fusses	allé/ée
qu'	il/elle	fût	allé/ée
que	nous	fussions	allés/ées
que	vous	fussiez	allés/ées
qu'	ils/elles	fussent	allés/ées

CONDITIONNEL

présent		passé 1ʳᵉ forme	
j'	irais	serais	allé/ée
tu	irais	serais	allé/ée
il/elle	irait	serait	allé/ée
nous	irions	serions	allés/ées
vous	iriez	seriez	allés/ées
ils/elles	iraient	seraient	allés/ées

passé 2ᵉ forme
mêmes formes que le subjonctif plus-que-parfait

IMPÉRATIF

présent	passé	
va	sois	allé/ée
allons	soyons	allés/ées
allez	soyez	allés/ées

ENVOYER

1ER GROUPE

présent	passé
envoyer	avoir envoyé

PARTICIPE

présent	passé
envoyant	envoyé/ée/és/ées
	ayant envoyé

INDICATIF

présent

j'	envoie
tu	envoies
il/elle	envoie
nous	envoyons
vous	envoyez
ils/elles	envoient

passé composé

ai	envoyé
as	envoyé
a	envoyé
avons	envoyé
avez	envoyé
ont	envoyé

imparfait

j'	envoyais
tu	envoyais
il/elle	envoyait
nous	envoyions
vous	envoyiez
ils/elles	envoyaient

plus-que-parfait

avais	envoyé
avais	envoyé
avait	envoyé
avions	envoyé
aviez	envoyé
avaient	envoyé

futur simple

j'	enverrai
tu	enverras
il/elle	enverra
nous	enverrons
vous	enverrez
ils/elles	enverront

futur antérieur

aurai	envoyé
auras	envoyé
aura	envoyé
aurons	envoyé
aurez	envoyé
auront	envoyé

passé simple

j'	envoyai
tu	envoyas
il/elle	envoya
nous	envoyâmes
vous	envoyâtes
ils/elles	envoyèrent

passé antérieur

eus	envoyé
eus	envoyé
eut	envoyé
eûmes	envoyé
eûtes	envoyé
eurent	envoyé

SUBJONCTIF

présent

que	j'	envoie
que	tu	envoies
qu'	il/elle	envoie
que	nous	envoyions
que	vous	envoyiez
qu'	ils/elles	envoient

imparfait

que	j'	envoyasse
que	tu	envoyasses
qu'	il/elle	envoyât
que	nous	envoyassions
que	vous	envoyassiez
qu'	ils/elles	envoyassent

passé

que	j'	aie	envoyé
que	tu	aies	envoyé
qu'	il/elle	ait	envoyé
que	nous	ayons	envoyé
que	vous	ayez	envoyé
qu'	ils/elles	aient	envoyé

plus-que-parfait

que	j'	eusse	envoyé
que	tu	eusses	envoyé
qu'	il/elle	eût	envoyé
que	nous	eussions	envoyé
que	vous	eussiez	envoyé
qu'	ils/elles	eussent	envoyé

CONDITIONNEL

présent

j'	enverrais
tu	enverrais
il/elle	enverrait
nous	enverrions
vous	enverriez
ils/elles	enverraient

passé 1re forme

aurais	envoyé
aurais	envoyé
aurait	envoyé
aurions	envoyé
auriez	envoyé
auraient	envoyé

passé 2e forme

mêmes formes que le subjonctif plus-que-parfait

IMPÉRATIF

présent	passé	
envoie	aie	envoyé
envoyons	ayons	envoyé
envoyez	ayez	envoyé

Finir

2ᴱ GROUPE

présent	passé
finir	avoir fini

PARTICIPE

présent	passé
finissant	fini/ie/is/ies
	ayant fini

INDICATIF

présent		passé composé	
je	finis	ai	fini
tu	finis	as	fini
il/elle	finit	a	fini
nous	finissons	avons	fini
vous	finissez	avez	fini
ils/elles	finissent	ont	fini

imparfait		plus-que-parfait	
je	finissais	avais	fini
tu	finissais	avais	fini
il/elle	finissait	avait	fini
nous	finissions	avions	fini
vous	finissiez	aviez	fini
ils/elles	finissaient	avaient	fini

futur simple		futur antérieur	
j'	finirai	aurai	fini
tu	finiras	auras	fini
il/elle	finira	aura	fini
nous	finirons	aurons	fini
vous	finirez	aurez	fini
ils/elles	finiront	auront	fini

passé simple		passé antérieur	
je	finis	eus	fini
tu	finis	eus	fini
il/elle	finit	eut	fini
nous	finîmes	eûmes	fini
vous	finîtes	eûtes	fini
ils/elles	finirent	eurent	fini

SUBJONCTIF

présent		
que je	finisse	
que tu	finisses	
qu' il/elle	finisse	
que nous	finissions	
que vous	finissiez	
qu' ils/elles	finissent	

imparfait		
que je	finisse	
que tu	finisses	
qu' il/elle	finît	
que nous	finissions	
que vous	finissiez	
qu' ils/elles	finissent	

passé		
que j'	aie	fini
que tu	aies	fini
qu' il/elle	ait	fini
que nous	ayons	fini
que vous	ayez	fini
qu' ils/elles	aient	fini

plus-que-parfait		
que j'	eusse	fini
que tu	eusses	fini
qu' il/elle	eût	fini
que nous	eussions	fini
que vous	eussiez	fini
qu' ils/elles	eussent	fini

CONDITIONNEL

présent		passé 1ʳᵉ forme	
je	finirais	aurais	fini
tu	finirais	aurais	fini
il/elle	finirait	aurait	fini
nous	finirions	aurions	fini
vous	finiriez	auriez	fini
ils/elles	finiraient	auraient	fini

passé 2ᵉ forme

mêmes formes que le subjonctif plus-que-parfait

IMPÉRATIF

présent	passé	
finis	aie	fini
finissons	ayons	fini
finissez	ayez	fini

Ouvrir

3ᴱ GROUPE

INFINITIF

présent	passé
ouvrir	avoir ouvert

PARTICIPE

présent	passé
ouvrant	ouvert/te/ts/tes
	ayant ouvert

INDICATIF

présent

j'	ouvre
tu	ouvres
il/elle	ouvre
nous	ouvrons
vous	ouvrez
ils/elles	ouvrent

passé composé

ai	ouvert
as	ouvert
a	ouvert
avons	ouvert
avez	ouvert
ont	ouvert

imparfait

j'	ouvrais
tu	ouvrais
il/elle	ouvrait
nous	ouvrions
vous	ouvriez
ils/elles	ouvraient

plus-que-parfait

avais	ouvert
avais	ouvert
avait	ouvert
avions	ouvert
aviez	ouvert
avaient	ouvert

futur simple

j'	ouvrirai
tu	ouvriras
il/elle	ouvrira
nous	ouvrirons
vous	ouvrirez
ils/elles	ouvriront

futur antérieur

aurai	ouvert
auras	ouvert
aura	ouvert
aurons	ouvert
aurez	ouvert
auront	ouvert

passé simple

j'	ouvris
tu	ouvris
il/elle	ouvrit
nous	ouvrîmes
vous	ouvrîtes
ils/elles	ouvrirent

passé antérieur

eus	ouvert
eus	ouvert
eut	ouvert
eûmes	ouvert
eûtes	ouvert
eurent	ouvert

SUBJONCTIF

présent

que j'	ouvre
que tu	ouvres
qu' il/elle	ouvre
que nous	ouvrions
que vous	ouvriez
qu' ils/elles	ouvrent

imparfait

que j'	ouvrisse
que tu	ouvrisses
qu' il/elle	ouvrît
que nous	ouvrissions
que vous	ouvrissiez
qu' ils/elles	ouvrissent

passé

que j'	aie	ouvert
que tu	aies	ouvert
qu' il/elle	ait	ouvert
que nous	ayons	ouvert
que vous	ayez	ouvert
qu' ils/elles	aient	ouvert

plus-que-parfait

que j'	eusse	ouvert
que tu	eusses	ouvert
qu' il/elle	eût	ouvert
que nous	eussions	ouvert
que vous	eussiez	ouvert
qu' ils/elles	eussent	ouvert

CONDITIONNEL

présent

j'	ouvrirais
tu	ouvrirais
il/elle	ouvrirait
nous	ouvririons
vous	ouvririez
ils/elles	ouvriraient

passé 1ʳᵉ forme

aurais	ouvert
aurais	ouvert
aurait	ouvert
aurions	ouvert
auriez	ouvert
auraient	ouvert

passé 2ᵉ forme

mêmes formes que le subjonctif plus-que-parfait

IMPÉRATIF

présent	passé	
ouvre	aie	ouvert
ouvrons	ayons	ouvert
ouvrez	ayez	ouvert

Recevoir

3E GROUPE

INFINITIF

présent	passé
recevoir	avoir reçu

PARTICIPE

présent	passé
recevant	reçu/ue/us/ues
	ayant reçu

INDICATIF

présent		passé composé	
je	reçois	ai	reçu
tu	reçois	as	reçu
il/elle	reçoit	a	reçu
nous	recevons	avons	reçu
vous	recevez	avez	reçu
ils/elles	reçoivent	ont	reçu

imparfait		plus-que-parfait	
je	recevais	avais	reçu
tu	recevais	avais	reçu
il/elle	recevait	avait	reçu
nous	recevions	avions	reçu
vous	receviez	aviez	reçu
ils/elles	recevaient	avaient	reçu

futur simple		futur antérieur	
je	recevrai	aurai	reçu
tu	recevras	auras	reçu
il/elle	recevra	aura	reçu
nous	recevrons	aurons	reçu
vous	recevrez	aurez	reçu
ils/elles	recevront	auront	reçu

passé simple		passé antérieur	
je	reçus	eus	reçu
tu	reçus	eus	reçu
il/elle	reçut	eut	reçu
nous	reçûmes	eûmes	reçu
vous	reçûtes	eûtes	reçu
ils/elles	reçurent	eurent	reçu

SUBJONCTIF

présent		
que	je	reçoive
que	tu	reçoives
qu'	il/elle	reçoive
que	nous	recevions
que	vous	receviez
qu'	ils/elles	reçoivent

imparfait		
que	je	reçusse
que	tu	reçusses
qu'	il/elle	reçût
que	nous	reçussions
que	vous	reçussiez
qu'	ils/elles	reçussent

passé			
que	j'	aie	reçu
que	tu	aies	reçu
qu'	il/elle	ait	reçu
que	nous	ayons	reçu
que	vous	ayez	reçu
qu'	ils/elles	aient	reçu

plus-que-parfait			
que	j'	eusse	reçu
que	tu	eusses	reçu
qu'	il/elle	eût	reçu
que	nous	eussions	reçu
que	vous	eussiez	reçu
qu'	ils/elles	eussent	reçu

CONDITIONNEL

présent		passé 1re forme	
je	recevrais	aurais	reçu
tu	recevrais	aurais	reçu
il/elle	recevrait	aurait	reçu
nous	recevrions	aurions	reçu
vous	recevriez	auriez	reçu
ils/elles	recevraient	auraient	reçu

passé 2e forme

mêmes formes que le subjonctif plus-que-parfait

IMPÉRATIF

présent	passé	
reçois	aie	reçu
recevons	ayons	reçu
recevez	ayez	reçu

RENDRE

3E GROUPE

INFINITIF

présent	passé
rendre	avoir rendu

PARTICIPE

présent	passé
rendant	rendu/ue/us/ues
	ayant rendu

INDICATIF

présent		passé composé	
je	rends	ai	rendu
tu	rends	as	rendu
il/elle	rend	a	rendu
nous	rendons	avons	rendu
vous	rendez	avez	rendu
ils/elles	rendent	ont	rendu

imparfait		plus-que-parfait	
je	rendais	avais	rendu
tu	rendais	avais	rendu
il/elle	rendait	avait	rendu
nous	rendions	avions	rendu
vous	rendiez	aviez	rendu
ils/elles	rendaient	avaient	rendu

futur simple		futur antérieur	
je	rendrai	aurai	rendu
tu	rendras	auras	rendu
il/elle	rendra	aura	rendu
nous	rendrons	aurons	rendu
vous	rendrez	aurez	rendu
ils/elles	rendront	auront	rendu

passé simple		passé antérieur	
je	rendis	eus	rendu
tu	rendis	eus	rendu
il/elle	rendit	eut	rendu
nous	rendîmes	eûmes	rendu
vous	rendîtes	eûtes	rendu
ils/elles	rendirent	eurent	rendu

SUBJONCTIF

présent		
que je		rende
que tu		rendes
qu' il/elle		rende
que nous		rendions
que vous		rendiez
qu' ils/elles		rendent

imparfait		
que je		rendisse
que tu		rendisses
qu' il/elle		rendît
que nous		rendissions
que vous		rendissiez
qu' ils/elles		rendissent

passé		
que j'	aie	rendu
que tu	aies	rendu
qu' il/elle	ait	rendu
que nous	ayons	rendu
que vous	ayez	rendu
qu' ils/elles	aient	rendu

plus-que-parfait		
que j'	eusse	rendu
que tu	eusses	rendu
qu' il/elle	eût	rendu
que nous	eussions	rendu
que vous	eussiez	rendu
qu' ils/elles	eussent	rendu

CONDITIONNEL

présent		passé 1re forme	
je	rendrais	aurais	rendu
tu	rendrais	aurais	rendu
il/elle	rendrait	aurait	rendu
nous	rendrions	aurions	rendu
vous	rendriez	auriez	rendu
ils/elles	rendraient	auraient	rendu

passé 2e forme

mêmes formes que le subjonctif plus-que-parfait

IMPÉRATIF

présent	passé	
rends	aie	rendu
rendons	ayons	rendu
rendez	ayez	rendu

VERBES DU 3ᵉ GROUPE EN -IR

infinitif présent	ouvrir (1)	assaillir (2)	cueillir (3)
participe présent	ouvrant	assaillant	cueillant
participe passé	ouvert/te	assailli/ie	cueilli/ie
indicatif présent	j'ouvre, tu ouvres	j'assaille, tu assailles	je cueille, tu cueilles
	il/elle ouvre	il/elle assaille	il/elle cueille
	nous ouvrons	nous assaillons	nous cueillons
	ils/elles ouvrent	ils/elles assaillent	ils/elles cueillent
imparfait	j'ouvrais	j'assaillais	je cueillais
passé simple	j'ouvris	j'assaillis	je cueillis
futur	j'ouvrirai	j'assaillirai	je cueillerai
cond. présent	j'ouvrirais	j'assaillirais	je cueillerais
subj. présent	que j'ouvre	que j'assaille	que je cueille
	qu'il/elle ouvre	qu'il/elle assaille	qu'il/elle cueille
	que nous ouvrions	que nous assaillions	que nous cueillions
	qu'ils/elles ouvrent	qu'ils/elles assaillent	qu'ils/elles cueillent
impératif présent	ouvre, ouvrons	assaille, assaillons	cueille, cueillons

1. De même : *souffrir, couvrir.* — 2. De même : *défaillir, tressaillir.* — 3. De même : ses composés.

infinitif présent	acquérir (1)	servir (2)	mentir (3)
participe présent	acquérant	servant	mentant
participe passé	acquis/se	servi/ie	menti
indicatif présent	j'acquiers, tu acquiers	je sers, tu sers	je mens, tu mens
	il/elle acquiert	il/elle sert	il/elle ment
	nous acquérons	nous servons	nous mentons
	ils/elles acquièrent	ils/elles servent	ils/elles mentent
imparfait	j'acquérais	je servais	je mentais
passé simple	j'acquis	je servis	je mentis
futur	j'acquerrai	je servirai	je mentirai
cond. présent	j'acquerrais	je servirais	je mentirais
subj. présent	que j'acquière	que je serve	que je mente
	qu'il/elle acquière	qu'il/elle serve	qu'il/elle mente
	que nous acquérions	que nous servions	que nous mentions
	qu'ils/elles acquièrent	qu'ils/elles servent	qu'ils/elles mentent
impératif présent	acquiers, acquérons	sers, servons	mens, mentons

1. De même : *conquérir, requérir, s'enquérir.* — 2. De même : ses composés. — 3. De même : *sentir, se repentir* et leurs composés.

infinitif présent	tenir (1)	dormir (2)	fuir (3)
participe présent	tenant	dormant	fuyant
participe passé	tenu/ue	dormi	fui/fuie
indicatif présent	je tiens, tu tiens	je dors, tu dors	je fuis, tu fuis
	il/elle tient	il/elle dort	il/elle fuit
	nous tenons	nous dormons	nous fuyons
	ils/elles tiennent	ils/elles dorment	ils/elles fuient
imparfait	je tenais	je dormais	je fuyais
passé simple	je tins, nous tînmes	je dormis	je fuis
futur	je tiendrai	je dormirai	je fuirai
cond. présent	je tiendrais	je dormirais	je fuirais
subj. présent	que je tienne	que je dorme	que je fuie
	qu'il/elle tienne	qu'il/elle dorme	qu'il/elle fuie
	que nous tenions	que nous dormions	que nous fuyions
	qu'ils/elles tiennent	qu'ils/elles dorment	qu'ils/elles fuient
impératif présent	tiens, tenons	dors, dormons	fuis, fuyons

1. De même : ses composés et *venir* et ses composés. — 2. De même : ses composés. — 3. De même : *s'enfuir.*

VERBES DU 3ᵉ GROUPE EN -IR

infinitif présent	**mourir**	**vêtir** (1)	**courir** (1)
participe présent	mourant	vêtant	courant
participe passé	mort/te	vêtu/ue	couru/ue
indicatif présent	je meurs, tu meurs	je vêts, tu vêts	je cours, tu cours
	il/elle meurt	il/elle vêt	il/elle court
	nous mourons	nous vêtons	nous courons
	ils/elles meurent	ils/elles vêtent	ils/elles courent
imparfait	je mourais	je vêtais	je courais
passé simple	je mourus	je vêtis	je courus
futur	je mourrai	je vêtirai	je courrai
cond. présent	je mourrais	je vêtirais	je courrais
subj. présent	que je meure	que je vête	que je coure
	qu'il/elle meure	qu'il/elle vête	qu'il/elle coure
	que nous mourions	que nous vêtions	que nous courions
	qu'ils/elles meurent	qu'ils/elles vêtent	qu'ils/elles courent
impératif présent	meurs, mourons	vêts, vêtons	cours, courons

1. De même : ses composés.

infinitif présent	**partir** (1)	**sortir** (2)	**bouillir** (3)
participe présent	partant	sortant	bouillant
participe passé	parti/ie	sorti/ie	bouilli/ie
indicatif présent	je pars, tu pars	je sors, tu sors	je bous, tu bous
	il/elle part	il/elle sort	il/elle bout
	nous partons	nous sortons	nous bouillons
	ils/elles partent	ils/elles sortent	ils/elles bouillent
imparfait	je partais	je sortais	je bouillais
passé simple	je partis	je sortis	je bouillis
futur	je partirai	je sortirai	je bouillirai
cond. présent	je partirais	je sortirais	je bouillirais
subj. présent	que je parte	que je sorte	que je bouille
	qu'il/elle parte	qu'il/elle sorte	qu'il/elle bouille
	que nous partions	que nous sortions	que nous bouillions
	qu'ils/elles partent	qu'ils/elles sortent	qu'ils/elles bouillent
impératif présent	pars, partons	sors, sortons	bous, bouillons

1. De même : ses composés, sauf *répartir*. — 2. De même : ses composés, sauf *assortir*. — 3. Certains temps sont peu usités.

infinitif présent	**faillir** (1)	**gésir** (1)	**saillir** = (dépasser) [1]
participe présent	*inusité*	gisant	saillant
participe passé	failli	*inusité*	sailli
indicatif présent	*inusité*	je gis, tu gis	*inusité*
	inusité	il/elle gît	il/elle saille
		nous gisons	*inusité*
		ils/elles gisent	*inusité*
imparfait	*inusité*	je gisais	il/elle saillait
passé simple	je faillis	*inusité*	*inusité*
futur	je faillirai	*inusité*	il/elle saillera
cond. présent	je faillirais	*inusité*	il/elle saillerait
subj. présent	*inusité*	*inusité*	*inusité*
			qu'il/elle saille
			inusité
			inusité
impératif présent	*inusité*	*inusité*	*inusité*

1. Ces trois verbes sont défectifs.

VERBES DU 3ᵉ GROUPE EN -OIR

infinitif présent	**décevoir** (1)	**devoir**	**mouvoir** (2)
participe présent	décevant	devant	mouvant
participe passé	déçu/ue	dû/due	mû/mue
indicatif présent	je déçois, tu déçois	je dois, tu dois	je meus, tu meus
	il/elle déçoit	il/elle doit	il/elle meut
	nous décevons	nous devons	nous mouvons
	ils/elles déçoivent	ils/elles doivent	ils/elles meuvent
imparfait	je décevais	je devais	je mouvais
passé simple	je déçus	je dus	je mus
futur	je décevrai	je devrai	je mouvrai
cond. présent	je décevrais	je devrais	je mouvrais
subj. présent	que je déçoive	que je doive	que je meuve
	qu'il/elle déçoive	qu'il/elle doive	qu'il/elle meuve
	que nous décevions	que nous devions	que nous mouvions
	qu'ils/elles déçoivent	qu'ils/elles doivent	qu'ils/elles meuvent
impératif présent	déçois, décevons	dois, devons	meus, mouvons

1. De même : *percevoir, apercevoir, concevoir.* — 2. De même : ses composés (mais les participes *ému* et *promu* n'ont pas d'accent circonflexe sur *u*).

infinitif présent	**savoir**	**vouloir**	**valoir** (1)
participe présent	sachant	voulant	valant
participe passé	su/sue	voulu/ue	valu/ue
indicatif présent	je sais, tu sais	je veux, tu veux	je vaux, tu vaux
	il/elle sait	il/elle veut	il/elle vaut
	nous savons	nous voulons	nous valons
	ils/elles savent	ils/elles veulent	ils/elles valent
imparfait	je savais	je voulais	je valais
passé simple	je sus	je voulus	je valus
futur	je saurai	je voudrai	je vaudrai
cond. présent	je saurais	je voudrais	je vaudrais
subj. présent	que je sache	que je veuille	que je vaille
	qu'il/elle sache	qu'il/elle veuille	qu'il/elle vaille
	que nous sachions	que nous voulions	que nous valions
	qu'ils/elles sachent	qu'ils/elles veuillent	qu'ils/elles vaillent
impératif présent	sache, sachons	veuille, veuillons	vaux, valons

1. De même : ses composés (mais *prévaloir,* au subjonctif présent, fait *que je prévale*).

infinitif présent	**pouvoir**	**voir** (1)	**prévoir** (2)
participe présent	pouvant	voyant	prévoyant
participe passé	pu	vu/vue	prévu/ue
indicatif présent	je peux, ou je puis	je vois, tu vois	je prévois, tu prévois
	il/elle peut	il/elle voit	il/elle prévoit
	nous pouvons	nous voyons	nous prévoyons
	ils/elles peuvent	ils/elles voient	ils/elles prévoient
imparfait	je pouvais	je voyais	je prévoyais
passé simple	je pus	je vis	je prévis
futur	je pourrai	je verrai	je prévoirai
cond. présent	je pourrais	je verrais	je prévoirais
subj. présent	que je puisse	que je voie	que je prévoie
	qu'il/elle puisse	qu'il/elle voie	qu'il/elle prévoie
	que nous puissions	que nous voyions	que nous prévoyions
	qu'ils/elles puissent	qu'ils/elles voient	qu'ils/elles prévoient
impératif présent	*inusité*	vois, voyons	prévois, prévoyons

1. De même : *revoir.* — 2. De même : *pourvoir* (sauf au passé simple : *je pourvus*).

VERBES DU 3e GROUPE EN -OIR

infinitif présent	asseoir (1)		surseoir
participe présent	asseyant	assoyant	sursoyant
participe passé	assis/ise	assis/ise	sursis/ise
indicatif présent	j'assieds, tu assieds	j'assois, tu assois	je sursois, tu sursois
	il/elle assied	il/elle assoit	il/elle sursoit
	nous asseyons	nous assoyons	nous sursoyons
	ils/elles asseyent	ils/elles assoient	ils/elles sursoient
imparfait	j'asseyais	j'assoyais	je sursoyais
passé simple	j'assis	j'assis	je sursis
futur	j'assiérai	j'assoirai	je surseoirai
cond. présent	j'assiérais	j'assoirais	je surseoirais
subj. présent	que j'asseye	que j'assoie	que je sursoie
	qu'il/elle asseye	qu'il/elle assoie	qu'il/elle sursoie
	que nous asseyions	que nous assoyions	que nous sursoyions
	qu'ils/elles asseyent	qu'ils/elles assoient	qu'ils/elles sursoient
impératif présent	assieds, asseyons	assois, assoyons	sursois, sursoyons

1. Verbe employé le plus souvent à la voix pronominale, comme *rasseoir*, et qui a deux conjugaisons.

infinitif présent	seoir (1)	pleuvoir (2)	falloir (2)
participe présent	seyant/séant	pleuvant	*inusité*
participe passé	sis/sise	plu	fallu
indicatif présent	*inusité*	*inusité*	*inusité*
	il/elle sied	il pleut	il faut
	inusité	*inusité*	*inusité*
	ils/elles siéent	*inusité*	*inusité*
imparfait	il/elle seyait,	il pleuvait	il fallait
	ils/elles seyaient		
passé simple	*inusité*	il plut	il fallut
futur	il/elle siéra, ils/elles siéront	il pleuvra	il faudra
cond. présent	il/elle siérait,	il pleuvrait	il faudrait
	ils/elles siéraient		
subj. présent	*inusité*	*inusité*	*inusité*
	qu'il/elle siée	qu'il pleuve	qu'il faille
	inusité	*inusité*	*inusité*
	qu'ils/elles siéent	*inusité*	*inusité*
impératif présent	*inusité*	*inusité*	*inusité*

1. Le verbe *seoir* (= convenir) n'est employé qu'aux 3es personnes ; au sens de «être situé», on emploie le participe passé *sis*. — 2. Les verbes *pleuvoir* et *falloir* sont impersonnels. — *Chaloir* n'est usité qu'à l'ind. présent : *peu me chaut*.

infinitif présent	déchoir	choir	échoir (1)
participe présent	*inusité*	*inusité*	échéant
participe passé	déchu/ue	chu/ue	échu/ue
indicatif présent	je déchois, tu déchois	je chois, tu chois	*inusité*
	il/elle déchoit	il/elle choit	il/elle échoit
	nous déchoyons	*inusité*	*inusité*
	ils/elles déchoient	*inusité*	ils/elles échoient
imparfait	*inusité*	*inusité*	il/elle échoyait
passé simple	je déchus	je chus	il/elle échut
futur	je déchoirai	je choirai/cherrai	il/elle écherra
cond. présent	je déchoirais	je choirais/cherrais	il/elle échoirait/écherrait
subj. présent	que je déchoie	*inusité*	*inusité*
	que tu déchoies	*inusité*	*inusité*
	qu'il/elle déchoie	*inusité*	qu'il/elle échoie
	qu'ils/elles déchoient	*inusité*	qu'ils/elles échoient
impératif présent	*inusité*	*inusité*	*inusité*

1. Le verbe *échoir* n'est employé qu'aux 3es personnes.

VERBES DU 3ᵉ GROUPE EN -RE

infinitif présent	**tendre** (1)	**vaincre**	**battre**
participe présent	tendant	vainquant	battant
participe passé	tendu/ue	vaincu/ue	battu/ue
indicatif présent	je tends, tu tends	je vaincs, tu vaincs	je bats, tu bats
	il/elle tend	il/elle vainc	il/elle bat
	nous tendons	nous vainquons	nous battons
	ils/elles tendent	ils/elles vainquent	ils/elles battent
imparfait	je tendais	je vainquais	je battais
passé simple	je tendis	je vainquis	je battis
futur	je tendrai	je vaincrai	je battrai
cond. présent	je tendrais	je vaincrais	je battrais
subj. présent	que je tende	que je vainque	que je batte
	qu'il/elle tende	qu'il/elle vainque	qu'il/elle batte
	que nous tendions	que nous vainquions	que nous battions
	qu'ils/elles tendent	qu'ils/elles vainquent	qu'ils/elles battent
impératif présent	tends, tendons	vaincs, vainquons	bats, battons

1. De même : *épandre, défendre, descendre, fendre, fondre, mordre, pendre, perdre, répondre, rompre* (mais : *il rompt*), *tondre, vendre* et leurs composés.

infinitif présent	**mettre** (1)	**prendre** (1)	**moudre**
participe présent	mettant	prenant	moulant
participe passé	mis/mise	pris/prise	moulu/ue
indicatif présent	je mets, tu mets	je prends, tu prends	je mouds, tu mouds
	il/elle met	il/elle prend	il/elle moud
	nous mettons	nous prenons	nous moulons
	ils/elles mettent	ils/elles prennent	ils/elles moulent
imparfait	je mettais	je prenais	je moulais
passé simple	je mis	je pris	je moulus
futur	je mettrai	je prendrai	je moudrai
cond. présent	je mettrais	je prendrais	je moudrais
subj. présent	que je mette	que je prenne	que je moule
	qu'il/elle mette	qu'il/elle prenne	qu'il/elle moule
	que nous mettions	que nous prenions	que nous moulions
	qu'ils/elles mettent	qu'ils/elles prennent	qu'ils/elles moulent
impératif présent	mets, mettons	prends, prenons	mouds, moulons

1. De même : ses composés.

infinitif présent	**coudre** (1)	**absoudre** (2)	**résoudre**
participe présent	cousant	absolvant	résolvant
participe passé	cousu/ue	absous/oute	résolu/ue
indicatif présent	je couds, tu couds	j'absous, tu absous	je résous, tu résous
	il/elle coud	il/elle absout	il/elle résout
	nous cousons	nous absolvons	nous résolvons
	ils/elles cousent	ils/elles absolvent	ils/elles résolvent
imparfait	je cousais	j'absolvais	je résolvais
passé simple	je cousis	*inusité*	je résolus
futur	je coudrai	j'absoudrai	je résoudrai
cond. présent	je coudrais	j'absoudrais	je résoudrais
subj. présent	que je couse	que j'absolve	que je résolve
	qu'il/elle couse	qu'il/elle absolve	qu'il/elle résolve
	que nous cousions	que nous absolvions	que nous résolvions
	qu'ils/elles cousent	qu'ils/elles absolvent	qu'ils/elles résolvent
impératif présent	couds, cousons	absous, absolvons	résous, résolvons

1. De même : ses composés. — 2. De même : *dissoudre*.

VERBES DU 3e GROUPE EN -RE

infinitif présent	craindre (1)	suivre (2)	vivre (3)
participe présent	craignant	suivant	vivant
participe passé	craint/te	suivi/ie	vécu/ue
indicatif présent	je crains, tu crains	je suis, tu suis	je vis, tu vis
	il/elle craint	il/elle suit	il/elle vit
	nous craignons	nous suivons	nous vivons
	ils/elles craignent	ils/elles suivent	ils/elles vivent
imparfait	je craignais	je suivais	je vivais
passé simple	je craignis	je suivis	je vécus
futur	je craindrai	je suivrai	je vivrai
cond. présent	je craindrais	je suivrais	je vivrais
subj. présent	que je craigne	que je suive	que je vive
	qu'il/elle craigne	qu'il/elle suive	qu'il/elle vive
	que nous craignions	que nous suivions	que nous vivions
	qu'ils/elles craignent	qu'ils/elles suivent	qu'ils/elles vivent
impératif présent	crains, craignons	suis, suivons	vis, vivons

1. De même : *astreindre, atteindre, ceindre, contraindre, enfreindre, éteindre, feindre, geindre, joindre, peindre, plaindre, teindre* et leurs composés. — 2. et 3. De même : leurs composés.

infinitif présent	paraître (1)	naître	croître (2)
participe présent	paraissant	naissant	croissant
participe passé	paru/ue	né/née	crû/ue
indicatif présent	je parais, tu parais	je nais, tu nais	je croîs, tu croîs
	il/elle paraît	il/elle naît	il/elle croît
	nous paraissons	nous naissons	nous croissons
	ils/elles paraissent	ils/elles naissent	ils/elles croissent
imparfait	je paraissais	je naissais	je croissais
passé simple	je parus	je naquis	je crûs
futur	je paraîtrai	je naîtrai	je croîtrai
cond. présent	je paraîtrais	je naîtrais	je croîtrais
subj. présent	que je paraisse	que je naisse	que je croisse
	qu'il/elle paraisse	qu'il/elle naisse	qu'il/elle croisse
	que nous paraissions	que nous naissions	que nous croissions
	qu'ils/elles paraissent	qu'ils/elles naissent	qu'ils/elles croissent
impératif présent	parais, paraissons	nais, naissons	croîs, croissons

1. De même : *connaître* et les composés. — 2. De même : ses composés, mais *accru* sans accent.

infinitif présent	rire (1)	conclure (2)	nuire (3)
participe présent	riant	concluant	nuisant
participe passé	ri	conclu/ue	nui
indicatif présent	je ris, tu ris	je conclus, tu conclus	je nuis, tu nuis
	il/elle rit	il/elle conclut	il/elle nuit
	nous rions	nous concluons	nous nuisons
	ils/elles rient	ils/elles concluent	ils/elles nuisent
imparfait	je riais	je concluais	je nuisais
passé simple	je ris	je conclus	je nuisis
futur	je rirai	je conclurai	je nuirai
cond. présent	je rirais	je conclurais	je nuirais
subj. présent	que je rie	que je conclue	que je nuise
	qu'il/elle rie	qu'il/elle conclue	qu'il/elle nuise
	que nous riions	que nous concluions	que nous nuisions
	qu'ils/elles rient	qu'ils/elles concluent	qu'ils/elles nuisent
impératif présent	ris, rions	conclus, concluons	nuis, nuisons

1. De même : *sourire*. — 2. De même : *exclure* et *inclure* (mais part. passé *inclus*). — 3. De même : *luire* et ses composés.

VERBES DU 3ᵉ GROUPE EN -RE

infinitif présent	conduire (1)	écrire	croire
participe présent	conduisant	écrivant	croyant
participe passé	conduit/te	écrit/te	cru/ue
indicatif présent	je conduis, tu conduis	j'écris, tu écris	je crois, tu crois
	il/elle conduit	il/elle écrit	il/elle croit
	nous conduisons	nous écrivons	nous croyons
	ils/elles conduisent	ils/elles écrivent	ils/elles croient
imparfait	je conduisais	j'écrivais	je croyais
passé simple	je conduisis	j'écrivis	je crus
futur	je conduirai	j'écrirai	je croirai
cond. présent	je conduirais	j'écrirais	je croirais
subj. présent	que je conduise	que j'écrive	que je croie
	qu'il/elle conduise	qu'il/elle écrive	qu'il/elle croie
	que nous conduisions	que nous écrivions	que nous croyions
	qu'ils/elles conduisent	qu'ils/elles écrivent	qu'ils/elles croient
impératif présent	conduis, conduisons	écris, écrivons	crois, croyons

1. De même : *construire, reconstruire, instruire, cuire, détruire* et les verbes se terminant par *-duire*.

infinitif présent	suffire	dire (1)	lire (2)
participe présent	suffisant	disant	lisant
participe passé	suffi	dit/dite	lu/lue
indicatif présent	je suffis, tu suffis	je dis, tu dis	je lis, tu lis
	il/elle suffit	il/elle dit	il/elle lit
	nous suffisons	nous disons, vous dites	nous lisons
	ils/elles suffisent	ils/elles disent	ils/elles lisent
imparfait	je suffisais	je disais	je lisais
passé simple	je suffis	je dis	je lus
futur	je suffirai	je dirai	je lirai
cond. présent	je suffirais	je dirais	je lirais
subj. présent	que je suffise	que je dise	que je lise
	qu'il/elle suffise	qu'il/elle dise	qu'il/elle lise
	que nous suffisions	que nous disions	que nous lisions
	qu'ils/elles suffisent	qu'ils/elles disent	qu'ils/elles lisent
impératif présent	suffis, suffisons	dis, disons, dites	lis, lisons, lisez

1. De même : *confire* et ses composés et *redire*. Les composés de *dire,* sauf *maudire* (2ᵉ groupe), se conjuguent sur *dire,* sauf à la 2ᵉ personne pluriel indicatif présent : *vous contredisez.* — 2. De même : ses composés.

infinitif présent	boire	taire (1)	faire (2)
participe présent	buvant	taisant	faisant
participe passé	bu/bue	tu/tue	fait/faite
indicatif présent	je bois, tu bois	je tais, tu tais	je fais, tu fais
	il/elle boit	il/elle tait	il/elle fait
	nous buvons	nous taisons	nous faisons, vous faites
	ils/elles boivent	ils/elles taisent	ils/elles font
imparfait	je buvais	je taisais	je faisais
passé simple	je bus	je tus	je fis
futur	je boirai	je tairai	je ferai
cond. présent	je boirais	je tairais	je ferais
subj. présent	que je boive	que je taise	que je fasse
	qu'il/elle boive	qu'il/elle taise	qu'il/elle fasse
	que nous buvions	que nous taisions	que nous fassions
	qu'ils/elles boivent	qu'ils/elles taisent	qu'ils/elles fassent
impératif présent	bois, buvons	tais, taisons	fais, faisons, faites

1. De même : *plaire* et ses composés, sauf à la 3ᵉ pers. *(il/elle plaît).* — 2. De même : ses composés.

VERBES DU 3ᵉ GROUPE EN -RE

infinitif présent	extraire (1)	repaître (2)	sourdre (3)
participe présent	extrayant	repaissant	*inusité*
participe passé	extrait/te	repu/ue	*inusité*
indicatif présent	j'extrais, tu extrais	je repais, tu repais	*inusité*
	il/elle extrait	il/elle repaît	il/elle sourd
	nous extrayons	nous repaissons	*inusité*
	ils/elles extraient	ils/elles repaissent	ils/elles sourdent
imparfait	j'extrayais	je repaissais	il/elle sourdait
passé simple	*inusité*	je repus	*inusité*
futur	j'extrairai	je repaîtrai	*inusité*
cond. présent	j'extrairais	je repaîtrais	*inusité*
subj. présent	que j'extraie	que je repaisse	*inusité*
	qu'il/elle extraie	qu'il/elle repaisse	
	que nous extrayions	que nous repaissions	
	qu'ils/elles extraient	qu'ils/elles repaissent	
impératif présent	extrais, extrayons	repais, repaissons	*inusité*

1. De même : *traire, abstraire, braire* (usité seulement aux 3ᵉˢ pers. du sing. et du pluriel), *soustraire*. — 2. De même : *paître*, défectif (pas de passé simple ni de participe passé). — 3. Le verbe *sourdre* est défectif.

infinitif présent	oindre	poindre (1)	frire (2)
participe présent	oignant	poignant	*inusité*
participe passé	oint/ointe	*inusité*	frit/frite
indicatif présent	j'oins, tu oins	*inusité*	je fris, tu fris
	il/elle oint	il/elle point	il/elle frit
	nous oignons	*inusité*	*(pas de pluriel)*
	ils/elles oignent	*inusité*	*(pas de pluriel)*
imparfait	j'oignais	il poignait	*inusité*
passé simple	j'oignis	il poignit	*inusité*
futur	j'oindrai	il poindra	je frirai
cond. présent	j'oindrais	il poindrait	je frirais
subj. présent	que j'oigne	*inusité*	*inusité*
	qu'il/elle oigne	qu'il/elle poigne	*inusité*
	que nous oignions	*inusité*	*inusité*
	qu'ils/elles oignent	*inusité*	*inusité*
impératif présent	oins, oignez	*inusité*	fris *(inusité)*

1. Le verbe *poindre* ne se conjugue qu'à la 3ᵉ personne du singulier. — 2. Le verbe *frire* est défectif.

infinitif présent	clore	éclore	enclore
participe présent	*inusité*	*inusité*	*inusité*
participe passé	clos/close	éclos/éclose	enclos/se
indicatif présent	je clos, tu clos	*inusité*	j'enclos, tu enclos
	il/elle clôt	il/elle éclôt	il/elle enclot
	(pas de pluriel)	*inusité*	*(pas de pluriel)*
	(pas de pluriel)	ils éclosent	*(pas de pluriel)*
imparfait	*inusité*	*inusité*	*inusité*
passé simple	*inusité*	*inusité*	*inusité*
futur	je clorai	il/elle éclora	j'enclorai
		ils/elles écloront	
cond. présent	je clorais	il(s)/elle(s) éclorai(en)t	j'enclorais
subj. présent	que je close	*inusité*	que j'enclose
	qu'il/elle close	qu'il/elle éclose	qu'il/elle enclose
	que nous closions	*inusité*	que nous enclosions
	qu'ils/elles closent	qu'ils/elles éclosent	qu'ils/elles enclosent
impératif présent	*inusité*	*inusité*	*inusité*

INDEX ALPHABÉTIQUE

Cet index regroupe les notions et les mots qui posent un problème d'accord ou d'emploi (ceux-ci sont imprimés en italique). Les chiffres renvoient aux pages.

Q

R

S